o cuidado

COLEÇÃO
Mundo do Trabalho

CAPITALISMO PANDÊMICO
Ricardo Antunes

"É TUDO NOVO", DE NOVO
Vitor Araujo Filgueiras

GÊNERO E TRABALHO NO BRASIL E NA FRANÇA
Alice Rangel de Paiva Abreu, Helena Hirata
e Maria Rosa Lombardi (orgs.)

OS LABORATÓRIOS DO TRABALHO DIGITAL
Rafael Grohmann

NOVA DIVISÃO SEXUAL DO TRABALHO?
Helena Hirata

PARA ALÉM DO CAPITAL E PARA ALÉM DO LEVIATÃ
István Mészáros

A SITUAÇÃO DA CLASSE TRABALHADORA NA INGLATERRA
Friedrich Engels

A PERDA DA RAZÃO SOCIAL DO TRABALHO
Maria da Graça Druck e Tânia Franco (orgs.)

SEM MAQUIAGEM: O TRABALHO DE UM MILHÃO
DE REVENDEDORAS DE COSMÉTICOS
Ludmila Costhek Abílio

O SOLO MOVEDIÇO DA GLOBALIZAÇÃO
Thiago Aguiar

SUB-HUMANOS: O CAPITALISMO
E A METAMORFOSE DA ESCRAVIDÃO
Tiago Muniz Cavalcanti

TEOREMA DA EXPROPRIAÇÃO CAPITALISTA
Klaus Dörre

UBERIZAÇÃO, TRABALHO DIGITAL E INDÚSTRIA 4.0
Ricardo Antunes (org.)

E mais 57 títulos, ver a lista completa em:
boitempoeditorial.com.br/vitrine/mundo-do-trabalho.

Helena Hirata

o cuidado

teorias e práticas

tradução
Monica Stahel

© desta edição, Boitempo, 2022
© La Dispute, 2021
Título original: *Le care, théories et pratiques*

Direção-geral Ivana Jinkings
Coordenação da coleção Mundo do Trabalho Ricardo Antunes
Edição Frank de Oliveira
Coordenação de produção Livia Campos
Assistência editorial João Cândido Maia
Tradução Monica Stahel
Preparação Lyvia Felix
Revisão Sílvia Balderama Nara
Capa Maikon Nery
Diagramação Antonio Kehl

Equipe de apoio Camila Nakazone, Elaine Ramos, Erica Imolene, Frederico Indiani, Higor Alves, Isabella Meucci, Ivam Oliveira, Kim Doria, Lígia Colares, Luciana Capelli, Marcos Duarte, Marina Valeriano, Marissol Robles, Maurício Barbosa, Pedro Davoglio, Raí Alves, Thais Rimkus, Tulio Candiotto, Uva Costriuba

CIP-BRASIL. CATALOGAÇÃO NA PUBLICAÇÃO
SINDICATO NACIONAL DOS EDITORES DE LIVROS, RJ

H559c

Hirata, Helena, 1946-
  O cuidado : teorias e práticas / Helena Hirata ; tradução Monica Stahel ; [prefácio: Evelyn Nakano Glenn ; posfácio: Danièle Kergoat]. - 1. ed. - São Paulo : Boitempo, 2022.

  Tradução de: Le care, théories et pratiques.
  Inclui bibliografia
  prefácio e posfácio
  ISBN 978-65-5717-171-4

  1. Sociologia. 2. Trabalho de cuidado. 3. Desigualdade social. I. Stahel, Monica. II. Glenn, Evelyn Nakano. III. Kergoat, Danièle. IV. Título.

22-78851
CDD: 362.1023
CDU: 2-468.4

Gabriela Faray Ferreira Lopes - Bibliotecária - CRB-7/6643

Cet ouvrage, publié dans le cadre du Programme d'Aide à la Publication année 2022 Carlos Drummond de Andrade de l'Ambassade de France au Brésil, bénéficie du soutien du Ministère de l'Europe et des Affaires étrangères.

Este livro, publicado no âmbito do Programa de Apoio à Publicação ano 2022 Carlos Drummond de Andrade da Embaixada da França no Brasil, contou com o apoio do Ministério francês da Europa e das Relações Exteriores.

É vedada a reprodução de qualquer
parte deste livro sem a expressa autorização da editora.

1ª edição: agosto de 2022

BOITEMPO
Jinkings Editores Associados Ltda.
Rua Pereira Leite, 373
05442-000 São Paulo SP
Tel.: (11) 3875-7250 / 3875-7285
editor@boitempoeditorial.com.br
boitempoeditorial.com.br | blogdaboitempo.com.br
facebook.com/boitempo | twitter.com/editoraboitempo
youtube.com/tvboitempo | instagram.com/boitempo

Sumário

PREFÁCIO À EDIÇÃO BRASILEIRA – *Helena Hirata*.. 7

PREFÁCIO À EDIÇÃO FRANCESA – *Evelyn Nakano Glenn* 11

PREÂMBULO 17

INTRODUÇÃO 19

1. O CUIDADO: IMPLICAÇÕES TEÓRICAS E SOCIAIS 23
    As implicações contemporâneas do cuidado: três pontos de partida 23
    Definições, teorias e controvérsias.. 26
    Sociedade de serviços e atualidade do cuidado 36

2. UMA PESQUISA COMPARATIVA SOBRE O TRABALHO DO CUIDADO............................43
    As mudanças sociodemográficas.. 43
    O peso do contexto nacional: França, Japão, Brasil... 45
    As contribuições da comparação internacional... 49

3. GLOBALIZAÇÃO, TRABALHADORES(AS) DO CUIDADO E MIGRAÇÕES 53
    Globalização e tipos de migração 53
    Globalização, migrações e processo de precarização... 59
    O universo dos(as) profissionais do cuidado.. 63
    O perfil dos(as) cuidadores(as): Paris, São Paulo, Tóquio.................................... 68
    Discriminações e racismo... 72

4. TRAJETÓRIAS, ATIVIDADES E RELAÇÃO SUBJETIVA COM O TRABALHO 77
    Trajetórias e atividades... 77
    Trabalho e subjetividade 107

CONCLUSÃO: CENTRALIDADE POLÍTICA DO TRABALHO DAS MULHERES E DO CUIDADO 119

Anexos 127
    Anexo I 127
    Anexo II 130

Posfácio – *Danièle Kergoat* 131

Referências bibliográficas 135
    Bibliografia relativa ao prefácio à edição brasileira 135
    Bibliografia relativa ao prefácio à edição francesa 136
    Bibliografia relativa ao posfácio 136
    Bibliografia geral 137

Prefácio à edição brasileira*

Helena Hirata

Vinte anos depois da publicação pela Boitempo do meu livro *Nova divisão sexual do trabalho? Um olhar voltado para a empresa e a sociedade*, tenho o prazer de ver editada pela mesma Boitempo a tradução de *Le* care, *théories et pratiques*, lançado em 2021 em Paris pela editora La Dispute.

Nesses vinte anos, a questão do cuidado se tornou de grande atualidade social e científica. O número de pessoas que demandarão cuidado será de 2,3 bilhões em 2030, segundo a Organização Internacional do Trabalho (OIT)[1]. A questão é atual não apenas nos países capitalistas avançados como naqueles ditos "em via de desenvolvimento"[2]. No Brasil, um grande número de pesquisas e publicações[3] foi

---

*   Para todas as referências bibliográficas relativas a este prefácio, consultar a seção no final do volume. (N. E.)

[1]   Para esse e outros dados sobre o contexto sociodemográfico, cf. Christina Queiroz, "Economia do cuidado", no dossiê "Desafios do cuidado", *Pesquisa Fapesp*, n. 299, jan. 2021, ano 22, p. 33 e seg.

[2]   A partir dos anos 1980, os estudos sobre o cuidado têm se desenvolvido no mundo anglo-saxão e, desde meados dos anos 2000, na França, mas as pesquisas sobre o tema no Brasil, na América Latina e na América Central datam de período ainda mais recente. Cf. Luz Gabriela Arango e Pascale Molinier, *El trabajo y la ética del cuidado* (Medellín, La Carretera/Escuela de Estudios de Género, Universidad Nacional de Colombia, 2011); Nadya Araujo Guimarães e Helena Hirata (orgs.), *El cuidado en América Latina* (Buenos Aires, Fundación Medifé Edita, 2020); idem, *Care and Care Workers: A Latin American Perspective* (Cham, Springer, 2021); Karina Batthyány (org.), *Miradas latinoamericanas al cuidado* (Montevidéu, Clacso-Siglo XXI, 2020).

[3]   Sem querer ser exaustiva, mencionarei entre essas publicações, Ana Amélia Camarano (org.), *Cuidados de longa duração para a população idosa: um novo risco social a ser assumido?* (Rio de Janeiro, Ipea, 2010); Helena Hirata e Nadya Guimarães Araujo, *Cuidado e cuidadoras: as várias faces do trabalho do* care (São Paulo, Atlas, 2012); Flávia Biroli (org.), dossiê "Cuidado e responsabilidade", *Revista Brasileira de Ciência Política*, n. 18, 2015; Daniel Groisman, *O cuidado enquanto trabalho:*

8   *O cuidado: teorias e práticas*

apresentado ao público interessado, cada vez mais numeroso, pois a "crise do cuidado" afeta também o país, dado o envelhecimento de sua população e a inserção das mulheres no mercado de trabalho – que, assim, não têm mais a possibilidade de cuidar dos idosos, de pessoas com deficiências físicas e mentais, dos doentes e das crianças da casa. A isso se somam tendências sociodemográficas agravadas pelos governos neoliberais nos países capitalistas avançados, que suprimiram serviços antes assegurados pelo Estado, fazendo com que agora cada vez mais da responsabilidade recaia sobre as famílias e as mulheres no seio das famílias, como afirma Nancy Fraser[4].

A profissionalização do cuidado, uma das consequências dessa situação de crise, teve crescimento exponencial no Brasil: além de cerca de 5 milhões de trabalhadoras domésticas que também cuidam dos idosos e das crianças da casa, havia, em 2018, segundo os dados da Pesquisa Nacional por Amostra de Domicílios (Pnad), 1.609.816 cuidadoras domiciliares e em instituição; esse número era de 894.417 em 2007. Esse movimento exponencial não refluiu nem mesmo com a crise econômica que se abateu sobre o mercado de trabalho brasileiro em 2015. Durante a crise, o cuidado domiciliar continuou a crescer, enquanto a média das demais ocupações estagnava[5].

A pandemia mostrou a centralidade do cuidado em nossa vida e a importância do trabalho de cuidado no funcionamento da sociedade como um todo. No momento de globalização do coronavírus, constatamos a centralidade do cuidado face à vulnerabilidade do ser humano. A afirmação segundo a qual o cuidado se aplicaria

---

envelhecimento, dependência e políticas de bem-estar no Brasil (tese de doutorado, Rio de Janeiro, Universidade Federal do Rio de Janeiro, 2015); Rachel Gouveia Passos, *Trabalho, gênero e saúde mental: contribuições para a profissionalização do cuidado feminino* (São Paulo, Cortez, 2017); Blandine Destremeau e Isabel Georges, *Le* Care, *face morale du capitalisme: assistance et police des familles en Amérique Latine* (Bruxelas, Peter Lang, 2017). Dumont Pena e Isabel de Oliveira Silva, *Aprender a cuidar: diálogos entre saúde e educação infantil* (São Paulo, Cortez, 2018); Nadya Araujo Guimarães e Helena Hirata, *O gênero do cuidado: desigualdades, significações e identidades* (São Paulo, Ateliê, 2020); Daniel Groisman et al., *Cuida-Covid: pesquisa nacional sobre as condições de trabalho e saúde das pessoas cuidadoras de idosos na pandemia. Principais resultados* (Rio de Janeiro, Fiocruz, 2021); Bruna Angotti e Regina Stela Corrêa Vieira, *Cuidar, verbo coletivo: diálogos sobre o cuidado na pandemia da Covid-19* (Joaçaba, Unoesc, 2021); Nadya Araujo Guimarães e Helena Hirata, *Care and Care Workers*, cit.; Luana Pinheiro, Carolina Pereira Tokarski e Anne Caroline Posthuma, *Entre relações de cuidado e vivências de vulnerabilidade: dilemas e desafios para o trabalho doméstico e de cuidado remunerado no Brasil* (Brasília, Ipea/OIT, 2021). Para uma análise do desenvolvimento histórico dos estudos sobre cuidado no Brasil, cf. Helena Hirata, "Por uma arqueologia do saber sobre cuidado no Brasil", em Karina Batthyany (org.), *Miradas latinoamericanas al cuidado* (Montevidéu, Clacso/Siglo XXI, 2020), p. 107-24.

4 Nancy Fraser, "Crise du *care*? Paradoxes socio-reproductifs du capitalisme contemporain", em Tithi Bhattacharya, *Avant 8 heures, après 17 heures: capitalisme et reproduction sociale* (Toulouse, Blast, 2020), p. 47.

5 Nadya Araujo Guimarães e Helena Hirata (orgs.), *El cuidado en América Latina*, cit., p. 70-1.

apenas aos seres dependentes parece desprovida de sentido. A ideia de que somos todos vulneráveis em um momento qualquer de nossa vida – e interdependentes – adquire atualidade. A pandemia também mostrou a vulnerabilidade das pessoas cuidadoras e as repercussões sobre sua saúde: "as condições para a realização do trabalho de cuidado de pessoas idosas, seja ele remunerado ou não remunerado, foram agravadas no período da pandemia"[6].

Muitas feministas e especialistas da questão do cuidado propõem uma "*caring society*"[7], uma sociedade do cuidado, na qual o cuidado e a relação com o próximo norteiem as ações e práticas dos cidadãos. A sociedade do cuidado seria aquela em que a produção do viver, constitutiva do trabalho do cuidado, seria reconhecida e valorizada. Como dizem as autoras de *Feminismo para os 99%*, "o trabalho remunerado que torna possível 'produzir lucro' não poderia existir sem o trabalho (o mais das vezes) não remunerado que consiste em 'produzir pessoas'"[8]. É necessário pensarmos um futuro para nossa sociedade que seja fundado em um outro tipo de regime moral, que tenha no cuidado um valor universal[9]. Essa centralidade do cuidado na sociedade é salientada pela bela fórmula de Flávia Biroli: "Responsabilidade significa reconhecer a interdependência e colocar a fragilidade humana como questão política central, produzindo garantias"[10].

Nessa sociedade, as cuidadoras teriam sua função social reconhecida, simbólica e materialmente, por salários mais justos e por condições de trabalho decentes. Sem o cuidado de todos os momentos aos idosos e às crianças, eles não se manteriam vivos. Essa responsabilidade pela vida das pessoas não é hoje remunerada a seu justo valor.

De igual modo, nessa sociedade, homens e mulheres, ricos e pobres, brancos e negros, participariam do trabalho de cuidado, e não majoritariamente as mulheres, muitas vezes pobres e negras, pois todos precisam de cuidado em algum momento da vida e, portanto, devem também cuidar. A *caring society* pode parecer uma utopia, mas as experimentações em termos de cuidado comunitário tanto na América Latina quanto na Europa, sobretudo durante a pandemia, mostraram que a solidariedade e o cuidado mútuo podem se concretizar. Políticas públicas como o Sistema Nacional Integrado de Cuidados (Snic) do Uruguai apontam também

---

[6] Daniel Groisman et al., *Cuida-Covid*, cit., p. 4.

[7] Cf., por exemplo, Evelyn Nakano Glenn, "Creating a Caring Society", *Contemporary Sociology*, v. 29, n. 1, 2000, p. 84-94.

[8] Cinzia Arruzza, Tithi Bhattacharya e Nancy Fraser, *Féminisme pour les 99%: un manifeste* (Paris, La Découverte, 2019), p. 105 [ed. bras.: *Feminismo para os 99%: um manifesto*, trad. Heci Regina Candiani, São Paulo, Boitempo, 2019].

[9] Nadya Araujo Guimarães e Helena Hirata (orgs.), *O gênero do cuidado*: desigualdades, significações e identidades (São Paulo, Ateliê, 2020).

[10] Flávia Biroli, "Novo coronavírus, responsabilidade e precariedade", *Folha de S.Paulo*, 8 abr. 2020.

montagens institucionais possíveis para ir em direção a uma sociedade do cuidado. Evidentemente, temos de contar com os retrocessos, como os experimentados no próprio Uruguai, com a mudança da conjuntura política, e com a necessidade de mecanismos de sustentação política dessas inovações, incluindo as experiências dos Estados de bem-estar nos países capitalistas avançados e os avanços institucionais no cuidado observados em alguns países da América Latina.

Espero que este livro possa contribuir para chegarmos a uma política nacional de cuidados para o Brasil que leve em consideração uma nova divisão sexual do trabalho.

Paris, 29 de abril de 2022

Prefácio à edição francesa*

Evelyn Nakano Glenn**

Depois de um longo ano de confinamento imposto pela pandemia, finalmente posso prefaciar o novo e inovador livro de Helena Hirata sobre o cuidado. Ser obrigada a ficar protegida em casa é um preço baixo a pagar diante do sacrifício de todas aquelas e de todos aqueles que arriscam a vida trabalhando em condições difíceis e enfrentando sobrecarga de trabalho. Como ressalta Helena Hirata em sua introdução, esse período invalidou a concepção neoliberal de uma sociedade constituída por indivíduos iguais, autônomos e autossuficientes. A taxa terrivelmente elevada de incidência da doença e o número de hospitalizações e de mortes evidenciaram claramente nossa vulnerabilidade em face de tal situação sanitária, o que pode fazer com que nos tornemos completamente dependentes da ajuda e dos cuidados dispensados por outros.

O que essa crise não mudou foi o fato de a maior parte do cuidado não remunerado recair sobre as mulheres, na qualidade de esposas, mães e irmãs. Nos Estados Unidos, assim como na maioria dos outros países, o cuidado é considerado um "dever" das mulheres. É uma função que não recebe compensação financeira e não entra no cálculo do Produto Interno Bruto (PIB). Nesse país, as regras federais que definem o regime de auxílio-doença proíbem que se remunere aquele, ou melhor, aquela que se encarrega de cuidar dos membros da família, salvo em alguns estados, como a Califórnia, à qual foram concedidas derrogações.

Ainda que a responsabilidade por esse trabalho de cuidado seja confiada a assalariados(as), quer se faça em domicílio, quer se faça em instituições, ele continua

---

* Prefácio traduzido do inglês para o francês por Hélène le Doaré. (N. E.)
** Evelyn Nakano Glenn, socióloga, Universidade da Califórnia em Berkeley, Estados Unidos. (N. E.)

12 O cuidado: teorias e práticas

sendo predominantemente "trabalho de mulher", de modo que a esmagadora maioria de profissionais do cuidado são mulheres. Por outro lado, esse trabalho, além de "generizado", é também "racializado": grande parte do cuidado remunerado é realizada por uma minoria definida pela raça, pela etnia ou, ainda, pelo *status* de imigrado(a). Conforme observei em meu artigo "Da servidão ao serviço", a divisão do trabalho de acordo com a raça geralmente atribui às mulheres brancas os postos de nível superior ou de controle, ao passo que o "trabalho sujo" e as tarefas fisicamente difíceis – como trocar lençóis sujos, fazer a higiene etc. – são atribuídas às mulheres não brancas[1]*.

Neste livro, Helena Hirata, tal como fizeram outros(as) pesquisadores(as) em suas publicações sobre o cuidado, estudou a maneira pela qual esse tipo de trabalho, quer seja feito em domicílio, quer seja feito em instituição, é universalmente marginalizado e desvalorizado. Ela mostra que os estudos realizados na Europa estabelecem um vínculo histórico entre a desvalorização desse trabalho e sua origem como tarefa doméstica não remunerada. Pesquisas feitas por mulheres acadêmicas não brancas, inclusive por mim, evidenciaram outra associação: o trabalho do cuidado também é próprio de minorias étnicas ou raciais, de pessoas outrora colonizadas e de imigrantes não brancos(as), e essa associação constitui outro elemento crítico para compreender a desvalorização desse trabalho[2]. Antes da revolução dos direitos civis dos anos 1960 e 1970 nos Estados Unidos, as mulheres afro-americanas eram proibidas de exercer inúmeras funções e obrigadas a se restringir ao serviço doméstico e ao trabalho agrícola. A figura da ama negra era muito popular. A racialização do trabalho do cuidado é típica também do Brasil contemporâneo, onde essa espécie de trabalho é majoritariamente exercida por afro-brasileiros(as). Pode-se também argumentar que a desvalorização do trabalho do cuidado remunerado deriva do baixo *status* atribuído às mulheres não brancas e aos(às) imigrantes provenientes dos países do Sul.

Entretanto, a posição de subordinação social e política daqueles e daquelas a que se atribui a tarefa de cuidar dos outros não é a única razão de sua desvalorização. Também se deve à incapacidade dos governos de estenderem aos(às) empregados(as)

---

[1] Evelyn Nakano Glenn, "From Servitude to Service Work: Historical Continuities in the Racial Division of Paid Reproductive Labor", *Signs*, v. 18, n. 1, 1992.

* Para todas as referências bibliográficas relativas a este prefácio, consultar a seção no final do volume. (N. E.)

[2] Cf. Por ordem cronológica de publicação: Evelyn Nakano Glenn, *Issei, Nisei, War Bride: Three Generations of Japanese American Women in Domestic Work* (Filadélfia, Temple University Press, 1986); Judith Rollins, *Between Women: Domestics and Their Employers* (Filadélfia, Temple University Press, 1987); Mary Romero, *Maid in the USA* (Londres, Routledge, 1992); Bonnie Thornton Dill, *Across the Boundaries of Race and Class: An Exploration of Work and Family Life among Black Female Domestic Servants* (Londres, Routledge, 1994).

domésticos(as) as leis que, nos outros setores da economia, regulamentam o trabalho com medidas de proteção social: um máximo de horas de trabalho, um salário mínimo, o pagamento de horas extras, o direito a licença por motivos de saúde e a período de férias. A Organização Internacional do Trabalho (OIT) mostrou a inexistência de leis naturais que protejam os(as) empregados(as) domésticos(as) e, em 2011, foi estabelecida uma convenção para os(as) trabalhadores(as) domésticos(as) que conferiu a esse tipo de ocupação o *status* de "trabalho decente", tal como é concebido no plano internacional. Trinta e nove países, inclusive o Brasil, ratificaram a convenção. O Japão, a França e os Estados Unidos estranhamente não o fizeram[3].

O cuidado: teorias e práticas é notável, e sua publicação é oportuna, uma vez que enfatiza o trabalho do cuidado dirigido às pessoas idosas. Os estudos feministas anteriores sobre o tema frequentemente giraram em torno da atenção com bebês e crianças. Só no século XXI, entretanto, o cuidado para com as pessoas idosas emergiu como problema urgente a ser tratado. No "primeiro mundo", um tempo de vida mais longo resulta de evoluções nas áreas médica, social e política. Assim, em muitos países, uma parte cada vez maior da população precisa de uma assistência para as ações da vida cotidiana, assim como de cuidados em condições que, no passado, teriam sido fatais. Essa situação criou demandas cada vez maiores de trabalho de assistência a pessoas idosas e fez dele uma questão que suscitou o interesse de acadêmicos(as) e políticos(as).

O estudo comparativo sobre o cuidado realizado por Helena Hirata em três países – Japão, França e Brasil – se baseia na herança de pesquisas feministas e sobre as mulheres não brancas, dando-lhes um novo desenvolvimento. Ela é a primeira a fazer esse tipo de estudo abrangendo três continentes: Ásia, Europa e América do Sul. As sociedades envolvidas têm tradições culturais e economias políticas muito diferentes. Para a autora, de certo modo, a escolha do Brasil, da França e do Japão foi natural, pois, como ela escreve em sua introdução, viveu e trabalhou nos três países, o que a tornou particularmente qualificada para empreender esse projeto comparativo. Fala fluentemente o japonês, o francês e o português e mantém vínculos com pesquisadores(as) nos três países. Helena Hirata pode se prevalecer também de uma dinâmica organizacional. Ao longo de sua vida profissional como pesquisadora do Centre national de la recherche scientifique (CNRS) [em português, Centro Nacional de Pesquisa Científica], participou de colaborações transnacionais e organizou conferências importantes; também tomou a iniciativa de projetos que reuniram pesquisadores(as) e trabalhadores(as) do cuidado provenientes dos três

---

[3] As informações sobre as ratificações da *C189 – Domestic Workers Convention,* de 2011 (n. 189) podem ser encontradas no *site* da OIT.

14 *O cuidado: teorias e práticas*

países. Esta monografia é resultado de incursões amplas e profundas nesses temas nas três sociedades.

As diferenças reveladas pelo estudo desses três países são significativas. Em primeiro lugar, o Japão, a França e o Brasil se situam em etapas diversas do *continuum* da transformação demográfica. No Japão, a taxa de nascimentos começou a baixar nos anos 1960, ao passo que a longevidade continuou a aumentar, de modo que as carências de cuidado no interior das famílias têm sido importantes há muito tempo. A França conheceu uma queda mais tardia e menos intensa da taxa de nascimentos; a parcela da população idosa aumentou, mas em proporção menor que no Japão. O Brasil, em contrapartida, é o país que mais recentemente teve uma baixa da taxa de nascimentos, com um crescimento nulo da população. A possibilidade de estabelecer analogias entre esses diferentes modelos – o Japão, com seu intenso crescimento da parcela de idosos(as), seguido pela França e depois pelo Brasil – torna o estudo de Helena Hirata particularmente esclarecedor. As modalidades demográficas determinam a porcentagem de cidadãos(ãs) bastante jovens que se ocupam das pessoas idosas.

Em segundo lugar, os comportamentos e as políticas concernentes aos imigrados(as) e sua integração têm um impacto significativo sobre a acessibilidade ao cuidado e sua qualidade. O Japão, a França e o Brasil são diferentes sob esse aspecto. O primeiro é um país desenvolvido que tem falta de mão de obra autóctone passível de dar assistência às pessoas idosas, mas ainda assim se recusa a recrutar ou até a acolher imigrantes para preencher essa lacuna. O país continua, portanto, a se apoiar nas famílias ou nas comunidades para a execução desse tipo de trabalho. Nas últimas décadas, a estagnação da economia japonesa e o menor acesso a bons empregos fixos parecem ter favorecido a entrada de autóctones nas instituições destinadas a acolher idosos(as).

A França, entretanto, pelo menos desde o início do século XX, iniciou uma longa história de recrutamento de mão de obra estrangeira, primeiro para atender às necessidades de seu desenvolvimento industrial tardio, que atraiu trabalhadores(as) provenientes da Polônia, da Itália, da Espanha e de outros países europeus. Atualmente, eles(as) vêm das Filipinas, do Leste Europeu e de suas antigas colônias da África ou do Caribe para assumir funções de cuidado domiciliar ou em instituições.

Finalmente, o Brasil, por sua vez, recorre à migração interna proveniente das partes longínquas do país para atender às necessidades de assistência às pessoas que vivem nas grandes zonas urbanas, como São Paulo.

O trabalho de Helena Hirata tem o grande mérito de estudar o sistema do cuidado no plano macroestrutural de sua organização sociopolítica e, ao mesmo tempo, realizar uma microanálise dos indivíduos que preenchem essa função. Ela usa brilhantemente o conceito de *care diamond*, cujas quatro pontas simbolizam a parte relativa das quatro responsabilidades que entram em jogo para atender às necessidades das pessoas idosas: a do Estado, nacional e local, a do mercado, a da comunidade e a da família. Sem querer revelar muito das afirmações da autora, digamos que ela observa que é principalmente na França que o Estado desempenha um papel central no atendimento às necessidades daqueles e daquelas que estão envelhecendo. Além de uma abordagem comparativa de uma ampla base política e social da organização do cuidado nos três países, Helena Hirata se empenha em apresentar uma microanálise, na escala dos indivíduos, por meio de entrevistas com trabalhadores(as) do cuidado em três metrópoles – Paris, Tóquio e São Paulo – que apreendem sua experiência concreta de trabalho nas instituições destinadas às pessoas idosas.

Uma das informações mais interessantes dessas entrevistas é a proporção relativamente alta de homens no sistema do cuidado no Japão. Tendo em vista a pouca valorização desse trabalho, seu baixo nível de remuneração em geral, assim como sua categorização sob a expressão "trabalho de mulheres", cabe indagar: a presença de maior número de homens, e particularmente de cidadãos nativos do Japão, modifica o *status* do trabalho do cuidado? Conforme observa Helena Hirata, os trabalhadores do sexo masculino obtêm salários melhores e se situam em níveis mais altos da hierarquia, mas sua presença não tem efeitos benéficos para as mulheres. Entretanto, se os homens fossem integrados aos diferentes níveis do trabalho do cuidado, é possível que sua presença se traduzisse em uma elevação de *status* e em melhores remunerações. Foi isso que aconteceu, de certo modo, com as enfermeiras nos Estados Unidos: uma longa campanha para recrutar homens nesse tipo de função fez aumentar a porcentagem de enfermeiros de 2,7%, em 1970, para 12,6%, em 2020. Essa masculinização do ofício proporcionou melhoria de salários, que favoreceu tanto as mulheres quanto os homens, embora essa melhoria possa ser explicada em parte por um aumento da taxa de sindicalizados(as)[4].

Para concluir este prefácio, devo dizer que este livro oferece muita matéria para reflexão para quem se interessa pelo tema. De fato, a obra transmite, em linguagem acessível, um conjunto de ideias complexas que não podem deixar de despertar o interesse dos mais variados tipos de leitor(a), de estudantes universitários(as) a pessoas que atuam nesse campo de atividade. Sobretudo, graças à ampla perspectiva desse tipo de trabalho dirigido a diferentes sociedades, o estudo de Helena Hirata é um estímulo a todo pensamento criativo concernente à maneira pela qual um cuidado de qualidade pode ser efetivamente assessorado, remunerado e respeitado.

---

[4] Cf. US Bureau of Statistics, "Labor Force Statistics from the Current Population Survey"; disponível em: <https://www.bls.gov/cps/cpsaat11.htm>; acesso em: 30 jun. 2022.

Preâmbulo

Nasci no Japão, fiz meus estudos no Brasil, onde vivi dos 5 aos 24 anos de idade, e vivo há 50 anos na França, aonde cheguei em 1971 como refugiada política da ditadura militar brasileira.

Depois de fazer alguns pequenos trabalhos, especialmente como vendedora nos aeroportos de Paris, fui recrutada como temporária no Centro Nacional de Pesquisa Científica (Centre national de la recherche scientifique, CNRS), em 1975, e como datilógrafa em período parcial em uma equipe de pesquisa do CNRS a partir de 1977. Em 1979, passei a fazer parte de uma equipe do CNRS recém-criada por Danièle Kergoat, cujas pesquisas eram sobre a divisão social e sexual do trabalho. Essa equipe tornou-se uma unidade própria do CNRS a partir de 1980, e fui recrutada como pesquisadora, para realizar meu programa de pesquisa.

Primeiro sobre a indústria, em seguida sobre serviços, minhas pesquisas consistiram em um trabalho de comparação internacional entre o Brasil, a França e o Japão. Nascida no Japão, tendo vivido no Brasil e exercendo a profissão de pesquisadora na França, pude realizar, de maneira "artesanal", sem a estrutura de equipes nacionais, pesquisas de campo nos três países, entrevistando trabalhadores(as) em sua língua de origem.

O estudo sobre trabalhadores(as) em cuidado, do qual resultou este livro, tornou-se possível pelo apoio que recebi, no Japão, da Fundação do Japão, do Institute of Developing Economies e da Hitotsubashi University; no Brasil, da Universidade de São Paulo (USP), do Centro Brasileiro de Análise e Planejamento (Cebrap), do Conselho Nacional de Desenvolvimento Científico e Tecnológico (CNPq) e da Fundação de Amparo à Pesquisa do Estado de São Paulo (Fapesp); e, na França, pelo apoio financeiro, logístico e científico do CNRS e das universidades Paris 8

Vincennes-Saint-Denis e Paris Nanterre, às quais meu laboratório, o Centro de Pesquisas Sociológicas e Políticas de Paris (Centre de recherches sociologiques et politiques de Paris, Cresppa), equipe Gênero, Trabalho, Mobilidades (Genre, travail, mobilités, GTM), é associado. O conjunto desses órgãos permitiu que eu me inserisse em uma quantidade significativa de redes e entrasse em contato com pesquisadores(as) e técnicos(as) que me gratificaram com suas trocas de ideias e sua amizade.

Dedico esta obra a Danièle Kergoat, com quem pude travar um diálogo ininterrupto desde o início de minha vida na França. E faço questão de agradecer a Sandrine Dauphin, que, complementando o trabalho editorial de Danièle Kergoat e de Alexis Cukier para a editora La Dispute, revisou e fez uma leitura crítica do manuscrito original desta obra; e também a Mirjaná Morokvasic e Natacha Borgeaud-Garciandía, pela leitura atenta e pelas sugestões. Agradeço ainda àqueles e àquelas que me abriram as portas dos estabelecimentos de acolhimento de pessoas idosas dependentes (*établissement d'hébergement pour personnes âgées dépendantes*, EHPAD) e das associações e agências de assistência domiciliar nos três países: no Japão, Yoji Tatsui, Yukiko Kurokawa e Mitsue Ushie; no Brasil, Alexandre Fix e Myrian Matsuo; na França, Alain Smagghe e Claude Dargent. Agradeço aqui as cuidadoras e cuidadores dos três países que aceitaram ser entrevistados, concedendo seu tempo para essa pesquisa.

Introdução

Nos países industrializados, observa-se atualmente um duplo fenômeno: por um lado, uma tendência ao envelhecimento acelerado de suas populações, por outro, uma tendência ao aumento das profissões relacionadas ao cuidado. Cuidar, ser solícito, ajudar, preocupar-se com os outros, todas essas são maneiras de expressar o cuidado[1].

Esse grande aumento de "cuidadores(as)" domiciliares e, na França, de auxiliares de vida*, auxiliares médico-psicológicos(as)** e auxiliares de enfermagem em estabelecimentos que acolhem idosos(as), deve-se não apenas ao fenômeno do envelhecimento, mas ao fato de que as mulheres, a quem tradicionalmente se atribui cuidar dos(as) idosos(as), das crianças e dos(as) doentes em seus lares, estão, em todos os países industrializados, cada vez mais presentes no mercado de trabalho e tendo acesso ao trabalho assalariado. Portanto, para muitas é cada

---

[1] *Kaigo*, em japonês, *care*, em inglês. Em francês, utilizo a palavra *care*, pois penso que *soin* é redutora, uma vez que não explicita as dimensões de solicitude, de preocupação com os outros. Destaca o aspecto terapêutico em detrimento dos aspectos afetivos, emocionais e psicológicos do cuidado. A palavra *kaigo* foi introduzida no Japão nos últimos vinte anos e pretende ser uma tradução de cuidado. *Cuidado*, em português e em espanhol, significa ao mesmo tempo "cuidar" e "preocupar-se com os outros".

* Em francês, *auxiliaires de vie sociale*, o mesmo que *assistant.e.s de vie* (assistentes de vida). São cuidadores(as) com diploma, que podem trabalhar em instituições de longa permanência para idosos(as) ou como cuidadores(as) domiciliares. Nesta obra, as duas expressões foram traduzidas por "auxiliares de vida". (N. T.)

** Em francês, *aides médico-psychologiques*. São profissionais que têm formação e diploma específico, mas cuja função equivale à de cuidadores(as). Trabalham apenas em instituições de longa permanência para pessoas idosas, nunca em domicílio. Nesta obra, será traduzido literalmente por "auxiliares médico-psicológicos(as)". (N. T.)

vez mais difícil ocupar-se, em tempo integral, dos membros de suas famílias que necessitam de cuidados.

Saber melhor o que é o cuidado e compreender a dinâmica das profissões ligadas ao cuidado e à solicitude: é para isso que esta obra deseja contribuir. Tem como base um projeto de pesquisa sobre as teorias e as práticas do cuidado realizado em uma perspectiva comparativa entre o Brasil, a França e o Japão. Muitas vezes, acredita-se que um trabalho, por ter o mesmo nome em diferentes países, corresponde a uma realidade idêntica. Precisei então questionar essas preconcepções para enxergar a realidade que se ocultava por trás de ofícios aparentemente idênticos: ocupar-se de pessoas idosas.

Tendo como objeto de estudo as diversas formas de incumbências associadas às pessoas idosas, minha trajetória visou a vários objetivos.

Tratava-se, em primeiro lugar, de *conhecer melhor o trabalho do cuidado,* em particular sua organização, as competências necessárias, a experiência de trabalho. Uma questão que me interessava em especial era a das fronteiras bastante fluidas e pouco delimitadas entre o relacional e o técnico, entre o que é da ordem das famílias e o que é do registro dos(as) trabalhadores(as) do cuidado. Neste livro, portanto, abordarei principalmente estas questões: o amor, o afeto, as emoções são do domínio exclusivo das famílias? O cuidado, o fazer e a técnica são do domínio exclusivo dos(as) cuidadores(as) profissionais?

Tratava-se, também, de *conhecer melhor os trabalhadores e as trabalhadoras do cuidado*: o estudo da trajetória profissional desses(as) trabalhadores(as) pode ser elucidativo para analisar o funcionamento dos respectivos mercados de trabalho, as novas relações de trabalho, assim como as exigências de qualificação e de formação profissional. É possível constatar que, apesar de sua grande expansão, trata-se ainda de profissões pouco valorizadas, uma vez que o trabalho do cuidado continua sendo, em grande parte, invisível e mal conhecido, embora tenha se tornado subitamente mais visível – mas não reconhecido simbólica e monetariamente – pela pandemia que abala o mundo desde o início de 2020.

Tratava-se, finalmente, *de examinar as atuais evoluções das pessoas idosas*: os mercados de trabalho, as políticas públicas de desenvolvimento do setor de serviços à pessoa, o nível de medicalização dos estabelecimentos que assumem a responsabilidade por idosos(as) dependentes. Interesso-me aqui pela questão da organização e da divisão do trabalho do cuidado, mas também pela questão da profissionalização e do reconhecimento, assim como pelos aspectos subjetivos relacionados à vivência desse trabalho. Meu objetivo era fazer uma associação entre as mudanças em nível macrossocial (capítulos 1 e 2) e as evoluções das práticas do trabalho do cuidado em nível microssocial (capítulos 3 e 4).

Este livro, portanto, estuda o cuidado em três países – Japão, França e Brasil –, examinando as diferentes formas de cuidar dos(as) idosos(as), em especial nas instituições de acolhimento de pessoas idosas e nos domicílios. Conhecer melhor as profissões do cuidado e suas evoluções nos três países, sob o impacto das transformações do mercado de trabalho e das políticas públicas, era um dos objetivos centrais deste projeto. Para entrevistar os trabalhadores e as trabalhadoras do cuidado, dirigi-me, por um lado, aos estabelecimentos que acolhem pessoas idosas e, por outro, às instituições suscetíveis de acolher e organizar a assistência domiciliar, especialmente sindicatos[2] e associações. Essa comparação internacional permitiu analisar as semelhanças e as diferenças, segundo as sociedades, nas modalidades de cuidados dispensados pelas famílias e pelos estabelecimentos. O exame da importância das relações sociais presentes, principalmente as relações entre homens e mulheres, a relação entre indivíduo e coletivo, o vínculo entre as políticas públicas e o comportamento dos(as) agentes, esclarece, além das analogias que se pode estabelecer, a maneira específica pela qual cada país tenta enfrentar as questões suscitadas pelo envelhecimento de sua sociedade e o funcionamento específico de seu mercado de trabalho. Essas pesquisas mostram também que a organização do trabalho, as competências requeridas, a qualidade dos empregos criados e as condições de trabalho dos(as) assalariados(as) nesse setor de serviços à pessoa têm uma relação direta, como veremos adiante, com a qualidade de vida dos(as) hóspedes de instituições ou das pessoas idosas que recebem cuidados em seu domicílio.

Esta obra apresenta as diferentes implicações abordadas pela análise das práticas atuais do cuidado e contribui para os debates sobre o tema com base em pesquisas na França, no Brasil e no Japão. É composta de quatro capítulos.

O primeiro capítulo, "Cuidado: implicações teóricas e sociais", analisa as implicações do cuidado hoje e apresenta as teorias, as definições e as controvérsias existentes no campo dos estudos sobre o cuidado, descrevendo a passagem da sociedade industrial para a sociedade de serviços e sua atualidade na sociedade francesa contemporânea tendo em vista os dados numéricos sobre as profissões do cuidado na França.

O segundo capítulo, "Uma pesquisa comparativa sobre o trabalho do cuidado", apresenta as características sociodemográficas desse trabalho em três países, cujos níveis de desenvolvimento econômico e tecnológico diferem, mas cujos modelos de envelhecimento da população e de "crise do cuidado" convergem. Mostro as

---

[2]   No Brasil, entrevistei, no Sindicato dos Trabalhadores Domésticos do Município de São Paulo, aquelas que, além do trabalho doméstico, cuidavam das crianças e das pessoas idosas da casa, dado que no país não há sindicatos de cuidadores(as) domiciliares.

diferenças e as semelhanças na realização do trabalho do cuidado e nas políticas públicas, indicando o peso do contexto nacional e a contribuição da comparação internacional para compreender essa diversidade nas configurações e nas práticas do cuidado.

No terceiro capítulo, "Globalização, trabalhadores(as) do cuidado e migrações", mostro a importância da globalização e das migrações no desenvolvimento do trabalho do cuidado, particularmente com respeito às migrações internacionais na França e às migrações internas no Brasil. No caso do Japão, as mulheres japonesas podem ser consideradas "equivalentes funcionais"[3] das migrantes nos países como a França. Essa parte apresenta o universo dos(as) profissionais do cuidado nos três países e o perfil dos(as) cuidadores(as) que entrevistei em Paris, em Tóquio e em São Paulo, ao mesmo tempo que reproduz os relatos de discriminação e racismo contra esses(as) migrantes.

O quarto capítulo, "Trajetórias, atividades e atitude subjetiva para com o trabalho", é dedicado à análise das trajetórias e das atividades desses(as) cuidadores(as) e também da organização e das condições de trabalho, das inovações no cuidado e do papel da saúde no trabalho. Analisa também a questão do trabalho e da subjetividade e a relação entre trabalho do cuidado e sexualidade. Cabe observar que a sexualidade e o trabalho emocional, incontornáveis no trabalho do cuidado, ainda são pouco considerados nas pesquisas sobre o cuidado, e integro-os à minha reflexão com base em uma abordagem pela subjetividade.

Termino este livro abrindo uma discussão sobre a centralidade política do trabalho das mulheres e do cuidado.

---

[3] Cf. Chizuko Ueno, "L'impact de l'assurance dépendance de longue durée sur le *care* dans la famille: qui prend soin de qui, et dans quel cadre? Une expérience japonaise, 2000-2012", em Aurélie Damamme, Helena Hirata e Pascale Molinier (orgs.), *Le Travail entre public, privé et intime: comparaisons et enjeux internationaux du care* (Paris, L'Harmattan, 2017), p. 141-52 [ed. em espanhol: *El trabajo: entre lo público, lo privado y lo íntimo – Comparaciones y desafíos internacionales del cuidado*, trad. Miriam Wlosko (org.), Buenos Aires, Edunla, 2021, p. 209-19].

1

O cuidado: implicações teóricas e sociais

O cuidado suscitou discussões acaloradas e, para confirmar isso, basta lembrar o clamor provocado pelo artigo de Martine Aubry, "La société du *care*", no jornal *Le Monde* de 14 de maio de 2010[1]. Ela preconizava ali uma sociedade do bem-estar com outro modelo de desenvolvimento econômico e social e outra relação entre os indivíduos. Essa concepção, cara a Joan Tronto e retomada por Martine Aubry, foi atacada como concernente a "banalidades", "bons sentimentos" e merecedora do "prêmio de patetice"[2]. É o que Pascale Molinier chama de "má aceitação do cuidado"[3]. A ideia da existência de um ser humano definido por sua autonomia e liberdade mais que por sua dependência e vulnerabilidade foi aventada pelos críticos, que consideravam manifestação de fraqueza a "sociedade do cuidado mútuo" de Martine Aubry. Tornou-se claro, diante desse debate inflamado, que o cuidado constituía um conceito político.

AS IMPLICAÇÕES CONTEMPORÂNEAS DO CUIDADO: TRÊS PONTOS DE PARTIDA

Considerar a vulnerabilidade e a interdependência como constitutivas de todo ser humano e o trabalho do cuidado como responsabilidade de todos, sem distinção de sexo, raça ou classe social, é uma primeira convicção forte desta obra, convicção

---

[1] Cf. também Edwy Plenel, Laurent Mauduit e Stéphane Alliès, "La gauche que veut Martine Aubry", *Mediapart*, 15 abr. 2010.

[2] "*Nunucherie*" ["patetice", "simploriedade", "tolice"] é a palavra utilizada por Jean-Michel Aphatie em seu blog, em 15 de abril de 2010, em resposta ao artigo de Olivier Schmitt publicado no mesmo dia no *Le Monde*.

[3] Pascale Molinier, *Le* Care *Monde: trois essais de psychologie sociale* (Lyon, ENS Éditions, 2018), p. 12 e seg. e p. 151.

24   *O cuidado: teorias e práticas*

que compartilho com as pioneiras na França dessa problemática hoje denominada "escola francesa dos estudos de *care*"[4]. É interessante observar aqui uma mudança de perspectiva em relação à problemática da autonomia, da dependência e da vulnerabilidade com a pandemia do coronavírus no mundo. O presidente da República francesa, Emmanuel Macron, em seu discurso de 13 de abril de 2020, declarou o seguinte sobre a continuidade do confinamento: "O momento que vivemos [...] lembra-nos de que somos vulneráveis, decerto o tínhamos esquecido", e concluiu com estas palavras: "Então, cuidem-se, cuidemos uns dos outros". Uma das controvérsias sobre o cuidado – ele se aplica apenas às pessoas dependentes ou estende-se também às pessoas ditas "autônomas"? – foi eliminada nessa pandemia, com todos(as) sentindo-se e mostrando-se vulneráveis, inclusive os homens brancos, na força da idade, das classes privilegiadas. No entanto, o fato de nada ter mudado de verdade depois dessa declaração mostra-nos o sentido puramente retórico dessa asserção.

Seria preciso, ao contrário, levar seriamente em consideração a vulnerabilidade constitutiva do ser humano, tal como propõe Patrícia Paperman no título de um de seus artigos: "Les gens vulnérables n'ont rien d'exceptionnel" [As pessoas vulneráveis nada têm de excepcional][5]. Ela reafirma a centralidade e a onipresença do cuidado "por trás da imagem tranquilizadora de uma sociedade constituída por adultos competentes, iguais, autônomos, saudáveis"[6]. Foi essa "imagem tranquilizadora" que se esfacelou com a pandemia, que trouxe à luz do dia a fragilidade de todos(as) e sua necessidade de cuidado e de atenção, de cuidado e de *tratamento*[7]. A interdependência dos seres humanos, intimamente relacionada a essa vulnerabilidade, torna o cuidado uma atitude e uma prática centrais no contexto da pandemia, que evidenciou os trabalhos "essenciais", os quais trazem a marca da utilidade social. Não são apenas os(as) cuidadores(as), mas também os(as) caixas, os(as) entregadores(as), os(as) trabalhadores(as) dos serviços de limpeza das cidades, os(as) garis, todos(as) fazem parte dessa rede de interdependência – eles e elas realizam um trabalho tão necessário à produção da vida e à sua reprodução quanto o dos(as) cuidadores(as).

---

[4]   Retomo aqui a denominação proposta por Pascale Molinier no prefácio da segunda edição de sua obra *Le Travail du care* (La Dispute, Paris, 2020). Esse livro, cuja primeira edição foi publicada em 2012, inscreve-se em um conjunto de obras iniciado em 2005 pela antologia *Le Souci des autres*, hoje designada "école française des études de *care*" [escola francesa dos estudos do cuidado] (ibidem, p. 7). Cf. Sandra Laugier e Patricia Paperman (orgs.), *Le Souci des autres: éthique et politique du care* (Paris, EHESS, 2005); e Pascale Molinier, Sandra Laugier e Patricia Paperman, *Qu'est-ce que le care? Souci des autres, sensibilité, responsabilité* (Paris, Payot, 2009).

[5]   Patricia Paperman, "Les gens vulnérables n'ont rien d'exceptionnel", em Patricia Paperman e Sandra Laugier (orgs.), *Le Souci des autres*, cit., p. 281-97.

[6]   Ibidem, p. 291.

[7]   Cf. nota 1 da "Introdução".

O cuidado: implicações teóricas e sociais   25

Podemos considerá-los(as) trabalhadores(as) do cuidado entendido em um sentido amplo. Eles e elas têm em comum com os(as) trabalhadores(as) do cuidado o não reconhecimento simbólico e monetário de seu trabalho e a invisibilidade do que fazem, o que a pandemia por um tempo tornou visível[8].

O segundo ponto de partida deste livro é a convicção de que é preciso mudar o atual *status* desfavorecido e precário dos(as) trabalhadores(as) do cuidado – em um sentido amplo – no mundo inteiro, *status* esse associado à falta de reconhecimento do trabalho doméstico e de cuidado não remunerado enquanto trabalho no seio dos grupos domésticos, que repercute sobre as condições de salário e a falta de direitos. Essa falta de reconhecimento do trabalho doméstico e do cuidado foi teorizada já nos anos 1970 por Danièle Kergoat por meio do conceito de divisão sexual do trabalho[9]. Em uma abordagem que, no fundo, pode ser considerada coincidente com a da "escola francesa dos estudos de cuidado", ela retoma, em 2016, a definição do trabalho como uma "produção do viver em sociedade" e afirma que "o trabalho do cuidado pode ser considerado o paradigma dessa produção do viver"[10].

O terceiro ponto de partida é que as necessidades do cuidado se referem não apenas aos países do Norte, mas aos do Sul, e que elas não são locais, mas globais. Deve-se observar as especificidades do cuidado nesses últimos países para primeiro compreender a importância do trabalho doméstico e do trabalho não remunerado no cuidado das pessoas idosas e das crianças, bem como a relevância das empregadas domésticas na realização dessas atividades, e, depois, analisar as desigualdades sociais – de classe, de sexo, de raça –, muito mais importantes que as observadas nos países do Norte, assim como a ausência ou a carência do Estado para remediar a falta de prestadores(as) de cuidado[11]. Uma das especificidades do cuidado nos países do Sul é a emergência de um "cuidado comunitário", muitas vezes resultante das solidariedades locais. Examino essas especificidades nos dois últimos capítulos deste livro, com base no caso de um dos países do Sul que estudei, o Brasil.

---

[8] A invisibilidade daqueles e daquelas que trabalham na esfera pública não é, evidentemente, da mesma ordem da invisibilidade do(a) cuidador(a) domiciliar, por exemplo, cuja atividade se desenvolve na esfera denominada privada.

[9] Danièle Kergoat, "Ouvriers = ouvrières? Propositions pour une articulation théorique de deux variables: sexe et classe sociale", *Critiques de l'economie politique*, n. 5, 1978, p. 65-97.

[10] Idem, "Le *care* et l'imbrication des rapports sociaux", em Nadya Araujo Guimarães, Margaret Maruani e Bila Sorj (orgs.), *Genre, race, classe: travailler en France et au Brésil* (Paris, L'Harmattan, 2016), p. 12.

[11] Sobre as especificidades do cuidado nos países do Sul, cf. Natacha Borgeaud-Garciandía, Nadya Araujo Guimarães e Helena Hirata, na introdução da edição "Introduction: *care* aux Suds: quand le travail de *care* interroge les inégalités sociales", *Revue internationale des études du développement*, n. 242, 2020; e Nadya Araujo Guimarães e Helena Hirata, na introdução à obra *Care and Care Workers: A Latin American Perspective* (Cham, Springer, 2021).

26   *O cuidado: teorias e práticas*

Definições, teorias e controvérsias

Começarei por lembrar as controvérsias em curso que poderão esclarecer as escolhas do campo e dos(as) participantes selecionados(as) para minha pesquisa. Relato essas controvérsias porque elas permitem situar as implicações teóricas envolvidas no estudo das práticas do cuidado e explicam a definição que escolhi. Por sua amplitude e pelo arroubo dos debates, elas mostram bem a dinâmica induzida por esse campo de pesquisa e a importância dos problemas sociais que ele suscita. Aqui, me limitarei aos debates ocorridos na França, que são representativos de certas questões levantadas em outros países. Esses debates, a meu ver, estruturam-se em torno de cinco eixos principais:

1) *A questão da definição do cuidado*[12] *como relação social entre prestadores(as) e beneficiários(as) do cuidado e como processo.* Considerando-se a literatura abundante publicada em língua francesa nos últimos anos, é possível observar que a maioria das pesquisas sobre a ética do cuidado não leva em conta as relações sociais[13], situando-se a controvérsia, assim, entre tais abordagens e uma perspectiva desenvolvida por Joan Tronto[14], que, ao contrário, pensa o cuidado como relação social e como processo. O cuidado como "processo", ou as "quatro fases" do cuidado são, segundo Tronto: *caring about* (preocupar-se com); *taking care of* (cuidar de); *care giving* (dispensar cuidados) [prestadores(as)] e *care receiving* (receber cuidados) [beneficiários(as)]. Para mim, a relação social entre beneficiários(as) e prestadores(as) é constitutiva do cuidado.

2) *A questão da extensão do conceito.* Por um lado, será o cuidado um conceito apenas pertinente quando aplicado às relações interpessoais? E poderá ele ser igualmente aplicado aos animais, aos objetos[15]? Por outro, o trabalho do cuidado refere-se apenas às pessoas dependentes ou, de forma mais ampla, também às pessoas autônomas? Levanta-se igualmente a questão da extensão do conceito de cuidado relacionado às profissões: os(as) empregados(as) domésticos(as), que cuidam da casa, podem ser considerados(as) também *carers*, trabalhadores(as) do cuidado? Com o cuidado, pensa-se também no trabalho de recepcionistas, acompanhantes,

---

[12]   Cf. nota 1 da "Introdução", a respeito da utilização do termo *care* em francês.

[13]   Uma exceção se encontra em Marie Garrau e Alice Le Goff, com a ideia de uma "teoria completa do *care*" (p. 67), que engloba uma teoria moral, social e política, levando em consideração as "atividades" e as "práticas" do cuidado (p. 69, 80 e seg.). Cf. Marie Garrau e Alice Le Goff, *Care, justice et dépendance: introduction aux théories du* care (Paris, PUF, 2010).

[14]   Joan Tronto, *Un monde vulnérable: pour une politique du* care (Paris, La Découverte, 2009 [1993]), p. 143.

[15]   Cf. Sandra Laugier (org.), *Tous vulnérables? L'éthique du* care*, les animaux et l'environnement* (Paris, Payot, 2012), especialmente o artigo de Catherine Larrère, "*Care* et environnement: la montagne ou le jardin?", p. 233-61; e Joan Tronto, *Un monde vulnérable*, cit., p. 143.

manicures, cabeleireiros(as), profissionais qualificados(as), e não unicamente em trabalhadores(as) do cuidado propriamente dito: cuidadores(as)/*assistant.e.s de vie* e *care workers* (expressão em inglês usada nos estabelecimentos de acolhimento de idosos(as) japoneses para designar os trabalhadores(as) do cuidado). Refletir sobre essa extensão do conceito é importante para pensar o cuidado como profissão, para determinar quais são as profissões do cuidado. Isso está ligado à questão da profissionalização do cuidado e da especificidade da qualificação e das competências do(a) cuidador(a). Essa especificidade relacionada às características do trabalho do cuidado (a porosidade e a fluidez das fronteiras entre o amor, o afeto e a emoção, e a técnica, o fazer e as práticas materiais) torna complexa qualquer reflexão sobre a profissionalização.

3) *O problema da relação entre cuidado e desigualdades sociais.* Essa questão remete à constatação de que alguns e algumas (aqueles e aquelas que têm mais recursos) se beneficiam mais do cuidado que outros(as), sendo que os homens das classes privilegiadas desfrutam do cuidado proporcionado por mulheres, pobres, imigrantes e racializadas, e por mulheres de seu próprio meio[16]. A questão das desigualdades sociais leva às ideias, já expostas, de que somos todos(as) vulneráveis em um dado momento de nossa vida e de que o cuidado deve ser partilhado por todos(as) para ir ao encontro de um objetivo político, a igualdade.

4) *O problema da responsabilidade.* Uma controvérsia suplementar diz respeito à questão da responsabilidade, que algumas pessoas não levam em consideração, ao passo que, para outras, a responsabilidade, do ponto de vista tanto de políticas públicas como de indivíduos, é indissociável do conceito de cuidado. Defendo que o conceito de responsabilidade deve ser relacionado ao conceito de cuidado, conforme sustentam especialmente Flavia Biroli[17] e Pascale Molinier[18]. Quer se trate, por exemplo, das responsabilidades públicas diante da pandemia, da responsabilidade dos(as) cuidadores(as) domiciliares e dos(as) auxiliares de vida para com a pessoa

---

[16] Cf. a interessante pesquisa de Rose-Myrlie Joseph sobre as empregadas domésticas haitianas que trabalham nas casas de mulheres que, por sua vez, são empregadas em trabalhos não domésticos. A autora mostra como as patroas francesas desculpam seus maridos da não participação no trabalho doméstico e administram esse trabalho. Isso com a ajuda das migrantes haitianas, que realizam o trabalho material e afetivo do cuidado. Rose-Myrlie Joseph, "Les paradoxes et les illusions de l'égalité dans le travail: l'occultation des dominations", *Recherches féministes*, v. 30, n. 2, 2017, p. 197-216.

[17] Flavia Biroli, "Responsabilidades, cuidado e democracia", *Revista Brasileira de Ciência Política*, n. 18, 2015, p. 81-117; "Care and the New Patterns of Precarity", em Frans Vosman, Andries Baart e Jaco Hoffman (orgs.), *The Ethics of Care: The State of the Art*, v. 8 (Leuven/Paris, Peeters, 2020), p. 209-31.

[18] Cf. prefácio à segunda edição de Pascale Molinier, *Le Travail du care* (2. ed., Paris, La Dispute, 2020).

vulnerável, das responsabilidades e cargas de trabalho desiguais conforme se trate de homens ou de mulheres. Como afirma Pascale Molinier, "a ética do cuidado é uma ética da responsabilidade (relacional)"[19].

5) *A questão da importância ou não do afeto e do trabalho emocional no cuidado.* Essa questão é levantada de maneira particularmente explícita nos trabalhos de Christelle Avril[20]. Segundo ela, "é possível trabalhar como cuidadora domiciliar sem entrar em uma relação interpessoal com as pessoas idosas", é possível escolher "investir-se ou não emocional ou afetivamente"[21]. Sustento a posição inversa: minha pesquisa sobre os(as) cuidadores(as) mostra que é impossível dissociar o afeto, o trabalho emocional e o trabalho material relacionado à manutenção da vida das pessoas idosas. Os(as) cuidadores(as) afirmam que querem manter uma "distância" dos(as) beneficiários(as) do cuidado, mas ao mesmo tempo reconhecem que é um exercício difícil. A relação beneficiário(a)-trabalhador(a) do cuidado supõe um vínculo, que pode até assumir a forma de apego. De todo modo, é uma relação que está longe de ser "impessoal". A ideia de que o cuidado tenha uma "conotação positiva"[22] que constitui um obstáculo à compreensão do trabalho real dos(as) cuidadores(as) domiciliares e dos(as) empregados(as) domésticos(as) em geral não me parece ter fundamento. A definição do trabalho do cuidado dada por Geneviève Cresson, por exemplo, está muito distante dessa "conotação positiva": "são cuidados de manutenção da vida [...], um trabalho gratuito ou mal retribuído, pouco valorizado simbólica ou economicamente, devorador de tempo e energia, que limita a autonomia das mulheres e sua disponibilidade para outras atividades ou dimensões da vida"[23]. A análise das pesquisadoras sobre esse tema[24] não aponta aspectos "positivos" desse trabalho, mas, ao contrário, mostra o que o cuidado, como conjunto de práticas, tem – como o trabalho doméstico não remunerado – de penoso e de difícil. Não penso que o cuidado e o trabalho do cuidado tenham

---

[19] Ibidem, p. 17.

[20] Christelle Avril, "Sous le *care*, le travail des femmes des milieux populaires: pour une critique empirique d'une notion à succès", em Margaret Maruani (org.), *Je travaille, donc je suis: perspectives féministes* (Paris, La Découverte, 2018), p. 205-16 [ed. bras.: *Trabalho, logo existo: perspectivas feministas*, trad. Viviane Ribeiro, Rio de Janeiro, FGV Editora, 2019].

[21] Ibidem, p. 207.

[22] Idem.

[23] Geneviève Cresson, "Le *care*: soin à autrui et objet de controverses", *Travail, genre et sociétés*, n. 26, 2011, p. 195-8.

[24] Cf. por exemplo Pascale Molinier, *Le Travail du care*, cit.; Helena Hirata, "Le *care* à domicile en France et au Brésil", em *Genre, race, classe: travailler en France et au Brésil* (Paris, L'Harmattan, 2016), p. 237-348; Caroline Ibos, *Qui gardera nos enfants? Les nounous et les mères* (Paris, Flammarion, 2012); Natacha Borgeaud-Garciandía, *Puertas adentro: trabajo de cuidado domiciliario a adultos mayores y migración en la Ciudad de Buenos Aires* (Buenos Aires, Teseo, 2017).

uma conotação positiva, mesmo que se fale de amor pelas pessoas idosas. A complexidade do trabalho do cuidado e a dificuldade de captar as fronteiras entre suas diferentes dimensões (o trabalho emocional e o afeto, as técnicas e o fazer) não parecem ser levadas em consideração por Christelle Avril. No entanto, ela havia reconhecido, em sua obra *Les Aides à domicile,* a importância do trabalho emocional na relação de cuidado[25].

Parto da ideia, então, de que o cuidado é uma relação social, entre prestador(a) e beneficiário(a), que é em princípio sexuada e que pode ser não remunerada (o cuidado doméstico) ou remunerada (a profissionalização e os ofícios do cuidado). Essa relação pode ser concebida em um sentido amplo, o de uma relação entre o homem e a natureza, ou o homem e os animais[26]; mas, interessando-me pela questão da externalização do trabalho do cuidado e de sua profissionalização com a figura dos(as) "cuidadores(as)" em países tão diversos como o Brasil, a França ou o Japão, limitarei minha reflexão à relação social de trabalho em que estão enredadas a disposição e as práticas materiais dos(as) cuidadores(as) para com os(as) beneficiários(as) do cuidado. Os(as) empregados(as) domésticos(as), na medida em que "contribuem para trazer uma resposta concreta às necessidades dos outros" e realizam concretamente o trabalho de cuidado para as pessoas da família que são dependentes, como no Brasil, são também considerados(as) *cuidadores(as),* apesar de, no nível da classificação das profissões, serem distinguidos(as) dos(as) cuidadores(as). Em minha opinião, o trabalho do cuidado inclui os(as) empregados(as) domésticos(as) que cuidam das pessoas dependentes e se ocupam da casa. Como escreve Geneviève Cresson: "A maioria das tarefas realizadas como trabalho doméstico concorre direta ou indiretamente para garantir o bem-estar, a boa saúde ou a cura dos indivíduos do grupo doméstico"[27].

A dimensão do cuidado presente nas profissões de recepcionistas, manicures, cabeleireiros(as) etc. já foi estudada[28] e traz elementos de conceitualização importantes para pensar o cuidado, mas não estudei essas profissões. Os(as) profissionais dos serviços citados não têm exclusivamente uma relação social de cuidado com seus ou suas clientes e não são propriamente profissionais do cuidado. Nesse caso, não se trata de pessoas consideradas dependentes. Entretanto, o trabalho emocional e o controle necessário de sentimentos como o nojo, por exemplo, aproximam

---

[25] Christelle Avril, *Les Aides à domicile: un autre monde populaire* (Paris, La Dispute, 2014), p. 39.

[26] Cf. nota 11.

[27] Geneviève Cresson, *Le Travail domestique de santé* (Paris, Harmattan, 1995), p. 7.

[28] Cf. por exemplo Angelo Soares, "Le dégoût au travail", *Revue Liminaires-Passages Interculturels,* v. 29, 2013, p. 119-32; Sabine Fortino, Aurélie Jeantet e Albena Tcholakova, "Émotions au travail, travail des émotions", *La nouvelle revue du travail,* n. 6, 2015.

30   *O cuidado: teorias e práticas*

essas profissões dos(as) cuidadores(as), tal como sua "atitude atenciosa" para com os(as) clientes. Todavia, essa "atitude atenciosa" pode ser encontrada em muitas outras profissões do setor de serviços à pessoa. Assim é com as "acompanhantes" de bar, segundo Rhacel Salazar Parreñas[29]. Ela apresenta o homem japonês cliente dessas acompanhantes como "dependente" e frágil, porém é difícil subscrever essa opinião, sabendo que o cliente faz parte de uma camada abastada da população dos assalariados japoneses e tem uma relação imperialista, como enfatiza a própria autora, com a acompanhante migrante filipina. Isso remete ao debate sobre o cuidado e as desigualdades sociais. O entrelaçamento das desigualdades de gênero, de classe social e de raça é particularmente visível entre as trabalhadoras do cuidado: é proveitoso, portanto, trabalhar paradigma do cuidado e consubstancialidade juntos[30]. O entrelaçamento das relações de gênero, de raça e de classe como relações de poder não hierarquizáveis caracteriza a situação dessas mulheres filipinas diante dos homens japoneses brancos que buscam seu cuidado.

Para situar minha abordagem do cuidado em face dessas controvérsias, partirei da seguinte definição:

> Um trabalho material, técnico e emocional moldado por relações sociais de sexo, de classe, de "raça"/etnia, entre diferentes protagonistas: os(as) provedores(as) e os(as) beneficiários(as) do cuidado, assim como todos aqueles e aquelas que dirigem, supervisionam ou prescrevem o trabalho. O cuidado não é apenas uma atitude atenciosa, ele abrange um conjunto de atividades materiais e de relações que consistem em trazer uma resposta concreta às necessidades dos outros. Pode também ser definido como uma relação de serviço, de apoio e de assistência, remunerada ou não, que implica um senso de responsabilidade pela vida e pelo bem-estar do outro.[31]

A essa definição é necessário acrescentar, a meu ver, a indissociabilidade no cuidado das dimensões do trabalho, da ética e da política, como faz Pascale Molinier em sua obra *Le Travail du care*. Ela traz, assim como outras pesquisadoras dessa área na França, novos campos e novas teorizações com base na crítica da separação e da hierarquização da razão e dos sentimentos, do público e do privado, dos fatos

---

[29]   Entre seus muitos escritos sobre as acompanhantes sob uma perspectiva de cuidado, cf. Rhacel S. Parreñas, "Le travail de *care* des hôtesses de bar au Japon", *Travailler*, Paris, n. 28, 2012, p. 15-31.

[30]   Danièle Kergoat, "Le *care* et l'imbrication des rapports sociaux", cit., p. 18.

[31]   Excerto da apresentação do programa do colóquio internacional "Théories et pratiques du *care*: comparaisons internationales", organizado pela rede "Marché du travail et genre" (Mage), pelo "Agir pour le *care*"/grupo Humanis e pelo laboratório Cresppa-GTM-CNRS, em 13-14 de junho de 2013. Fiz parte da comissão de organização desse colóquio e participei da redação dessa apresentação.

e dos valores, e também do objetivo e do subjetivo, do coletivo e do individual, do masculino e do feminino.

Mais precisamente, a obra de Pascale Molinier mostra a indissociabilidade entre o cuidado como trabalho e suas dimensões ética e política. A questão do amor e do afeto como componentes incontornáveis do cuidado é colocada e tratada centralmente, primeiro como confronto e dissensão entre classes e categorias socioprofissionais, com a oposição entre o ponto de vista dos(as) dirigentes e dos(as) cuidadores(as) sobre esse "trabalho do amor"; e depois, na medida em que o afeto constitui uma consequência inevitável do trabalho do cuidado para os(as) cuidadores(as), fundamentalmente marcado pela ambivalência. Isso leva a uma conclusão dessa obra particularmente subversiva do ponto de vista das políticas atuais de trabalho e de emprego: a "crítica do dogma da especialização profissional"[32], muito importante para nossa análise sobre a profissionalização do trabalho do cuidado.

Pascale Molinier critica, de fato, a divisão do "trabalho sujo" tal como é feita hoje no contexto da profissionalização do cuidado e, ao mesmo tempo, convoca para a escuta da "ética dos(as) subalternos(as)", a força que motiva os(as) assalariados(as) no cumprimento de seu trabalho particularmente desgastante em nível físico e psicológico. O ponto de vista dos(as) executivos(as) e dos(as) superiores hierárquicos(as) preconiza, ao contrário, o distanciamento afetivo em relação a beneficiários e beneficiárias. Ela mostra, assim, que "o cuidado é por definição uma zona de dissensão e de desacordo"[33].

Molinier defende uma visão "dessentimentalizada" e "dessegmentada" do trabalho de cuidado, ilustrada particularmente pelos dois exemplos seguintes. Durante a pesquisa de campo realizada em uma casa de repouso, o elevador utilizado pelo pessoal está quebrado. Por conseguinte, os(as) funcionários(as) são submetidos(as) a uma considerável sobrecarga de trabalho. A direção não parece ter pressa de resolver o problema, alegando a questão do seguro e as vicissitudes jurídicas do caso. Depois de cinco semanas com o elevador sem conserto, Molinier nota que a direção se surpreende com suas indagações insistentes sobre o assunto. Os(as) funcionários(as) assumem essa sobrecarga de trabalho temendo uma demissão, talvez, mas também porque não consideram justo, com relação aos(às) colegas e aos(às) hóspedes, deixar os sacos de lixo e a roupa de cama suja nos andares. Com base nesse episódio banal, Molinier mostra que, nas casas de repouso, "tende-se a subestimar a carga física de trabalho"[34]. Ela também questiona se a cor da pele e

---

[32] Pascale Molinier, *Le Travail du* care, cit., p. 167.
[33] Ibidem, p. 24.
[34] Ibidem, p. 68.

a origem dos(as) assalariados(as) não contribuem para a não percepção, por parte da direção, dessa carga física do trabalho. E indaga: "Será que não se espera que eles(as) sejam mais resistentes no trabalho que os(as) brancos(as)?"[35].

Um segundo exemplo dado por Molinier se refere à maneira como se define o que é bom para os(as) hóspedes, algo que varia conforme se trate de cuidador(a), dirigente ou membro da família. Ela examina as dimensões éticas do cuidado com base nas diferentes visões dos(as) cuidadores(as) e dos(a) dirigentes sobre as atividades de lazer oferecidas às pessoas que sofrem de demências: confecção de panquecas ou prática de tai chi? Para a autora, essa oposição entre o que se pode considerar tradicional e moderno mostra a dissociação de dois mundos diferentes e constitui também "a expressão de uma relação de classe"[36]. Ela vê esse conflito como resultado, ao mesmo tempo, da especialização e da hierarquização do trabalho de cuidado. Nesse contexto, o trabalho dos(as) cuidadores(as) se torna cada vez menos visível e valorizado, tal como sua ética "particular" de cuidado. As hierarquias rígidas e as novas formas de especialização contribuem, assim, para uma segmentação do processo do cuidado no espaço mercantil que a casa de repouso se tornou.

As controvérsias sobre a extensão do conceito de cuidado assumiram hoje novas formas, com a proposta de Caroline Ibos de incluir a arte como cuidado[37]. Essa autora mostra que o trabalho de limpeza é um trabalho de cuidado antes mesmo da discussão sobre os "trabalhos essenciais" trazida pela pandemia. Ela descreve a *performance* que consiste na limpeza das escadas de um museu dos Estados Unidos durante oito horas por dia feita pela artista Mierle Laderman Ukeles. Afirma que "a arte pode se valer do trabalho sujo" e questiona "a maneira pela qual se entrelaçam as atividades de manutenção, sua invisibilização e a subordinação social daquelas e daqueles que as executam"[38]. É a partir de sua *performance* que Mierle Laderman Ukeles torna palpável o trabalho de cuidado contido nos gestos da limpeza das escadas do museu, *performance* que a artista vê, ao mesmo tempo, como algo que faz parte da arte: "meu trabalho será a obra"[39].

Essa afirmação é retomada sob forma de interrogação por Geneviève Cresson: "Por que banir o cuidado da esfera da produção? Ou da criação das obras de arte que, no entanto, contribuem amplamente para tornar 'nosso mundo' melhor?"[40].

---

[35] Ibidem, p. 69.

[36] Ibidem, p. 146.

[37] Caroline Ibos, "'Lundi matin, après la révolution, qui s'occupera des poubelles?' Mierle Laderman Ukeles et l'art comme laboratoire du *care*", *Cahiers du Genre*, n. 66, 2019.

[38] Ibidem, p. 157.

[39] Mierle E. Ukeles citada em Caroline Ibos, "'Lundi matin, après la révolution, qui s'occupera des poubelles?', cit., p. 163.

[40] Geneviève Cresson, "Le *care*: soin à autrui et objet de controverses", cit., p. 196.

Caberia perguntar se tornar "nosso mundo melhor" é em si uma definição suficiente da relação social de cuidado. Não o creio.

Contudo, seja como for, minha argumentação em torno das controvérsias hoje presentes no campo das pesquisas sobre a perspectiva do cuidado indica que uma definição multidimensional da relação social de cuidado deve ser o ponto de partida de qualquer conceitualização.

Para concluir esta apresentação sobre as implicações, as definições e as controvérsias do cuidado, lembrarei as contribuições das pesquisas sobre o cuidado para a sociologia do trabalho, tanto francesa quanto internacional.

A partir de meados dos anos 2000, na França, pesquisadoras inventariaram novos campos e apresentaram novas teorizações na área do cuidado, enfatizando em especial a fluidez das fronteiras entre os afetos e a emoção, por um lado, e, por outro, a técnica e as práticas materiais. Esse tipo de abordagem não podia deixar de repercutir na sociologia do trabalho e, particularmente, na análise do trabalho das mulheres.

O trabalho do cuidado é, no mundo todo, um trabalho majoritariamente de mulheres. Envolve realizar o trabalho doméstico, cuidar das crianças e das pessoas dependentes no seio da família, o que pode se traduzir, em parte, por aquilo que Geneviève Cresson chamava de "o trabalho doméstico de saúde"[41]. Retomando as palavras de Dominique Fougeyrollas-Schwebel, Danielle Chabaud-Rychter e Françoise Sonthonnax[42] a respeito do trabalho doméstico, portanto do trabalho do cuidado, trata-se de uma "relação social" sexuada.

Para pensar as contribuições das pesquisas sobre o cuidado para a análise do trabalho das mulheres, é preciso antes relacionar a tradição da sociologia do trabalho doméstico das mulheres às pesquisas sobre o cuidado. A esse respeito há uma notável diferença entre a França e o Brasil. Neste último, constatamos uma continuidade entre as pesquisas sobre o trabalho doméstico gratuito e não mercantil e as pesquisas sobre o cuidado, e os(as) pesquisadores(as) passam de um campo ao outro, embora denominem seu objeto de estudo "o trabalho doméstico e de cuidado". Na França, ao contrário – com exceção de Geneviève Cresson, uma das raras sociólogas que nos anos 1990 incluíam o trabalho do cuidado no trabalho não remunerado das mulheres –, há uma grande distância teórica entre os(as) sociólogos(as), economistas e antropólogos(as) especialistas em trabalho doméstico, por um lado, e, por outro,

---

[41] Geneviève Cresson, *Le Travail domestique de santé*, cit.
[42] Danielle Chabaud-Rychter, Dominique Fougeyrollas-Schwebel e Françoise Sonthonnax, *Espace et temps du travail domestique* (Paris, Méridiens Klincksieck, 1985).

os(as) sociólogos(as) da moral e da política, os(as) filósofos(as), os(as) psicólogos(as) do trabalho que iniciaram na França as pesquisas sobre o cuidado. Constitui outra exceção o programa "Production domestique" [Produção doméstica], realizado pelo Instituto Nacional de Estatística e Estudos Econômicos (Institut national de la statistique et des études économiques, Insee) em colaboração com o Centro Nacional de Pesquisa Científica (Centre national de la recherche scientifique, CNRS), lançado em 1988 e coordenado por Christine Delphy e Yannick Lemel[43], que envolvia uma colaboração entre estatística e ciências sociais e incluía na "produção doméstica" as atividades de cuidados com a casa, a bricolagem, a educação das crianças, assim como os "cuidados não especializados" às crianças e às pessoas idosas.

Uma explicação possível para essa grande distância pode ser encontrada nas modalidades de conceitualização e nas particularidades da tradição da pesquisa feminista francesa sobre o trabalho doméstico como trabalho, englobando o trabalho doméstico repetitivo, os cuidados das crianças e dos outros membros da família. Essa especificidade da conceitualização francesa do trabalho das mulheres, que de início leva em consideração o trabalho doméstico, não se prolonga nos estudos sobre o cuidado. Nem por isso se deve concluir que as pesquisas sobre o cuidado não trazem elucidações sobre o trabalho doméstico, a começar pela invisibilidade desse trabalho, pela sua desvalorização, pelo seu não reconhecimento enquanto trabalho. Ao contrário, parece-me que o conceito de trabalho e a problemática da divisão sexual do trabalho[44] podem perfeitamente incluir o trabalho do cuidado como uma das dimensões do trabalho realizado pelas mulheres na família e no mundo do trabalho remunerado. Além disso, os estudos sobre o trabalho do cuidado trazem uma demonstração sobre o *continuum* entre o trabalho assalariado e o trabalho doméstico para as mulheres, e apenas para elas. Assim, é difícil para os homens japoneses inseridos no trabalho do cuidado no seio das instituições japonesas assumirem completamente esse papel, e é possível até levantar a hipótese de que eles se sentem desconfortáveis nessa profissão situada entre o privado e o público, pois, para a classe dos homens, em todos os países, não há continuidade entre essas duas esferas.

As pesquisas sobre o cuidado são importantes para a sociologia do trabalho porque o cuidado concebido como trabalho deslinda toda uma série de problemas que tradicionalmente preocupam essa subdisciplina: qualificação e competência, formação e diplomas, remuneração, recrutamento e promoção, condições de trabalho

---

[43] Cf. Yannick Lemel, "Production domestique: une collaboration INSEE-CNRS", *Courrier des statistiques*, Insee, n. 46, abr. 1988, p. 25-7.

[44] Desenvolvida a partir dos anos 1980 pelo Groupe d'études sur la division sociale et sexuelle du travail (Gedisst), unidade do CNRS, e apresentada na obra coletiva *Le Sexe du travail, structures familiales et système productif* (Grenoble, PUG, 1984).

e importância do sexo do(a) trabalhador(a) nas políticas de gestão de mão de obra. Para dar apenas um exemplo, a formação profissional, os certificados e os diplomas para os(as) trabalhadores(as) do cuidado, embora pouco valorizados, indicam a possibilidade de aquisição e de transformação dessas "qualidades" em qualificações.

Ao mesmo tempo, as pesquisas sobre o cuidado são importantes para a sociologia do gênero, porque o não reconhecimento do trabalho doméstico gratuito realizado pelas mulheres pode ser objeto de uma reivindicação pelo reconhecimento quando se torna trabalho de cuidado remunerado, mercantil, realizado também pelos homens. O assalariamento do cuidado e sua profissionalização também podem ajudar a interpelar o cuidado realizado em domicílio como qualidade "natural" e "invisível".

Penso, portanto, que é importante associar a tradição da sociologia do trabalho doméstico e as pesquisas sobre o cuidado, que na França constituem duas tradições de pensamento, talvez porque – como já indicamos – os(as) sociólogos(as), os(as) economistas[45] e os(as) antropólogos(as), especialistas no estudo do trabalho doméstico, estão longe das disciplinas que, na França, iniciaram as pesquisas sobre o cuidado: a sociologia moral e política, a filosofia, a psicologia do trabalho.

Pode-se indagar sobre as razões de uma demora tão grande para levar em consideração a problemática do cuidado na França. Citarei duas hipóteses. A primeira é, então, a da tradição da pesquisa feminina francesa sobre a questão do trabalho doméstico como trabalho. Como no caso das relações sociais de sexo, com a presença explícita das relações sociais, a dimensão de trabalho é destacada no trabalho doméstico de cuidados. Parece-me que essa especificidade da conceitualização francesa do trabalho das mulheres não pode ser imediatamente apreendida no conceito de cuidado. De fato, a conceitualização do trabalho, na base do trabalho doméstico, não está presente no conceito do cuidado como foi proposto no início dos estudos do cuidado na França[46]. Esse conceito é correlato à dimensão relacional, à dependência e à vulnerabilidade, ao sentimento, à afeição, à solicitude, à sensibilidade, mas não ao conceito de trabalho. A segunda explicação possível é o grande desenvolvimento na França de uma sociologia das profissões que deu muito espaço às pesquisas empíricas – antropológicas ou sociológicas – sobre as profissões relacionadas ao cuidado: enfermeiros(as), auxiliares de enfermagem etc. Podemos citar, entre tantas outras, as obras já clássicas de Anne-Marie Arborio[47]

---

[45] Cf. Danielle Chabaud-Rychter, Dominique Fougeyrollas-Schwebel e Françoise Sonthonnax, *Espace et temps du travail domestique*, cit.; e Annie Dussuet, *Travaux de femmes: enquêtes sur les services à domicile* (Paris, L'Harmattan, 2005).

[46] Cf. Sandra Laugier e Patricia Paperman (orgs.), *Le Souci des autres*, cit., p. 20.

[47] Anne-Marie Arborio, *Un personnel invisible: les aides-soignantes à l'hôpital* (Paris, Economica/Anthropos, 2002).

36 O cuidado: teorias e práticas

ou de Danièle Kergoat, Françoise Imbert, Hélène Le Doaré e Danièle Senotier[48], pesquisas que não foram realizadas no contexto de uma reflexão sobre o cuidado como ética ou como política.

Entretanto, essa situação está evoluindo: hoje há pesquisas em curso na França, feitas por sociólogos(as), politólogos(as), psicólogos(as) do trabalho, economistas, antropólogos(as) e filósofos(as), sobre o cuidado como trabalho, em que se incluem necessariamente "os aspectos práticos e éticos, privados e públicos, pessoais e sociais, íntimos e políticos"[49].

Enfim, a contribuição do cuidado como analisador da atividade das mulheres é particularmente grande em uma perspectiva comparativa de trajetórias das trabalhadoras, como veremos nos próximos capítulos.

SOCIEDADE DE SERVIÇOS E ATUALIDADE DO CUIDADO

Para situar as implicações teóricas e sociais do cuidado, é preciso finalmente contextualizá-lo no quadro do desenvolvimento da sociedade de serviços.

Uma conferência recente de Daniel Cohen[50] lembra as "intuições" de Jean Fourastié em *Le grand espoir du XXᵉ siècle* [A grande esperança do século XX] em 1963[51]:

> Já em 1948, antes mesmo dos Trinta Anos Gloriosos, esse economista visionário havia pressentido que depois do mundo industrial surgiria uma sociedade de serviços. O homem, tendo trabalhado a terra durante milênios, depois a matéria durante séculos, trabalharia o próprio homem. [...] A humanidade finalmente se humanizaria em relações de serviço, em que cada um se ocuparia dos outros. Isso significava o fim da alienação. Ele apontava o fato de que essa economia engendraria um crescimento mais lento: uma vez que o bem que eu vendo é o tempo que passo com outros, como cuidador, como professor, e uma vez que o tempo não é extensível, o crescimento é limitado por definição. Mas essa economia mais lenta era para ele uma boa notícia. Era o preço a ser pago por uma economia enfim humanizada.

Jean Fourastié, muito antes da proposição de uma *caring society*, uma sociedade centrada no cuidado, pensava nessa economia "humanizada" em que se ocupar dos outros seria o motor – lento – do crescimento. Como afirma, "nada será menos

---

[48] Danièle Kergoat et al., *Les Infirmières et leur coordination 1988-1989* (Paris, Lamarre, 1992).

[49] Natacha Borgeaud-Garciandía, Helena Hirata e Efthymia Makridou, "Compte rendu des ouvrages de C. Gilligan, J. Tronto, P. Molinier, S. Laugier et P. Paperman", *Cahiers du Genre*, n. 49, 2010.

[50] Daniel Cohen, "Des états ont décidé d'arrêter l'économie pour sauver des vies. C'est inédit", *Télérama*, 27 maio 2020.

[51] Jean Fourastié, *Le grand espoir du XXᵉ siècle* (Paris, Gallimard, 1963).

industrial que a civilização nascida da Revolução Industrial"[52]. A sociedade de serviços do capitalismo neoliberal está muito longe, infelizmente, da que ele imaginava. A redução do peso da indústria não levou a uma sociedade humanizada em que se ocupar dos outros tenha se tornado o centro das atividades econômicas.

A "sociedade de serviços", com a terceirização do trabalho, alterou profundamente a dinâmica econômica intersetorial. Os números do Banco Mundial que mostram a redução do peso dos setores primário e secundário e o aumento do setor terciário (comércio, serviços, cuidado) no PIB são muito impressionantes. Em 2017, a participação do setor de serviços no PIB era, na França, de 70,3%; no Brasil, de 73,5%; e, no Japão, de 72%[53]. Essa terceirização é um aspecto importante da convergência entre os países como a França, o Brasil e o Japão, em que os(as) empregados(as) do comércio e dos serviços tornaram-se majoritários(as). Essa expansão do setor terciário tem consequências na divisão sexual do trabalho, uma vez que são majoritariamente mulheres que ocupam esses empregos do setor terciário no mundo todo.

TABELA 1. COMPOSIÇÃO DA FORÇA DE TRABALHO POR SETOR

	Setor primário			Setor secundário			Setor terciário		
	França	Brasil	Japão	França	Brasil	Japão	França	Brasil	Japão
Homens									
1990-1992	7,0	31,0	6,0	39,0	27,0	40,0	54,0	43,0	54,0
2011-2014	4,0	18,0	4,0	31,0	30,0	34,0	65,0	52,0	60,0
2017	3,5	13,0	3,7	29,9	28,0	33,6	66,6	59,0	62,7
Mulheres									
1990-1992	5,0	25,0	7,0	17,0	10,0	27,0	78,0	65,0	65,0
2011-2014	2,0	10,0	3,0	10,0	12,0	15,0	88,0	78,0	81,0
2017	1,6	4,1	2,9	9,9	11,0	14,2	88,6	85,0	82,9

Fontes: International Labor Organization (ILO), disponível em: <https://ilostat.ilo.org/data/>; acesso em: 17 jun. 2020; Instituto Brasileiro de Geografia e Estatística (IBGE). *PNADC: Pesquisa Nacional por Amostra de Domicílios Contínua – 2017*, IBGE. Microdados; acesso em: 20 jun. 2020.

A tabela 1 mostra o aumento da força de trabalho masculina e feminina no setor terciário entre os anos 1990-1992, 2011-2014 e 2017 e sua diminuição nos setores primário e secundário. Em 2017, na França, 88,6% da força de trabalho

---

[52] Ibidem, p. 327. O autor também escreve: "Assim, a máquina leva o homem a se especializar no humano" (ibidem, p. 354).

[53] Cf. os *sites* <www.statista.com>, página "Distribution of Gross Product GDP across Economic Sectors in Japan", e <www.ibge.gov.br>, página "Sistema de Contas Nacionais: Brasil"; acesso em: 17 jun. 2020. Agradeço a Marilane Teixeira pelas estatísticas sobre a terceirização da economia nos três países e sobre a distribuição setorial da mão de obra masculina e feminina.

feminina se concentrava no setor terciário; no Brasil, 85%; e, no Japão, 82,9%. Em proporções menores, a força de trabalho masculina também é majoritária no setor terciário em 2017: 66,6% na França, 59% no Brasil e 62,7% no Japão. Essa tabela mostra igualmente um aumento muito significativo da força de trabalho masculina e feminina no setor terciário em apenas 25 anos, entre 1990-1992 e 2017.

A terceirização do trabalho é, segundo Philippe Askenazy[54], uma das três grandes transformações do trabalho nas sociedades contemporâneas, com a concepção taylorista e a industrialização intensiva até os anos 1970. Embora essa afirmação não seja contestável, a análise não deixa de ser no mínimo truncada. A meu ver, é preciso acrescentar uma quarta transformação principal: a feminização do trabalho (e o salariado feminino) a partir dos anos 1970.

Para essa feminização contribuem em especial os fenômenos da explosão do trabalho de cuidado e a taylorização do trabalho no setor terciário, com *scripts* a serem rigorosamente seguidos, tanto nos países do Sul como nos do Norte. A intensificação do trabalho, que atinge os serviços e não apenas a indústria, acarreta consequências importantes para a saúde física e mental dos(as) trabalhadores(as), como no desenvolvimento do telemarketing e dos *call centers*. Esse setor, em expansão a partir dos anos 2000, oferece condições de trabalho frequentemente desfavoráveis aos trabalhadores e às trabalhadoras, suscitando até mesmo o emprego do termo "neotaylorismo"[55]. Realizado sobretudo por mulheres e por jovens, trata-se de um trabalho temporário, de transição, o que permite maior intensificação da atividade, baixos salários e precarização do emprego.

Na França, a sociedade do cuidado tem aspecto essencialmente feminino, conforme mostra a tabela sobre as profissões do cuidado. Segundo a pesquisa Emploi do Insee[56], o número total de empregos de mulheres no conjunto dos setores é de 13.011.000 e o de homens é de 13.989.000, em média, em 2017-2018. É possível afirmar, portanto, que na França existe atualmente um quase equilíbrio – aproximadamente o mesmo nível de participação – de homens e mulheres no total de empregos: 48% dos empregos são ocupados por mulheres e 52%, por homens. Chegou-se quase à paridade, embora os empregos dos homens e das mulheres difiram sob muitos aspectos.

---

[54] Philippe Askenazy, "Travail, un monde en mutation", *La Revue pour l'histoire du CNRS*, n. 24, 2009.

[55] Ricardo Antunes e Ruy Braga (orgs.), *Infoproletários: degradação real do trabalho virtual* (São Paulo, Boitempo, 2009).

[56] Para acessar os dados da Pesquisa Emprego que estão no quadro abaixo e nas páginas seguintes, ir para o material disponível em: <https://www.insee.fr/fr/statistiques/3900819?sommaire=3900836&q= Enquête+emploi+2018>; acesso em: 22 jun. 2022.

Em contrapartida, é possível observar um grande desequilíbrio no que diz respeito ao emprego nas profissões do cuidado: nesse setor, cerca de nove postos em cada dez são ocupados por mulheres. Para definir essas profissões, podemos nos apoiar em critérios mais ou menos restritos. Assim, se utilizarmos uma definição mais estrita, 88% desses empregos são ocupados por mulheres. A situação não mudará significativamente se utilizarmos um critério mais amplo, incluindo profissões mais qualificadas: elas ocupam, mesmo assim, 85% dos empregos desse segmento do mercado de trabalho.

TABELA 2. SITUAÇÃO DAS CUIDADORAS NA FRANÇA

Códigos Insee	Categorias socioprofissionais	Número de mulheres (em milhares)	% de mulheres na profissão	% do total de mulheres economicamente ativas
431	Enfermeiros(as), parteiros(as), puericultores(as) e profissões afins	559,3	85,4	4,3
432 e 434 g	Fisioterapeutas e especialistas em reeducação + educadores(as) de crianças pequenas	128,6	70,6	1,0
525d	Agentes de serviços hospitalares (do setor público ou privado)	252,8	78,8	1,9
526	Auxiliares de enfermagem e profissões afins do setor público e privado (socorristas de ambulância)	665,4	86,5	5,1
563	Intervenção social e ajuda doméstica a particulares, a saber:	1.155,8	96,2	8,9
563a	Assistentes maternais, babás, famílias de acolhimento	421	97,6	3,2
563b	Cuidadores(as) domiciliares, faxineiros(as), ajudantes familiares	563,4	95,6	4,3
563c	Empregados(as) domésticos(as) e pessoal de limpeza em casas particulares	171,4	94,9	1,3
	Total cuidadores(as) segundo definição estrita	2.761,8	88,3	21,2
311 e 344	Profissionais de saúde (médicos(as), psicólogos(as), exceto veterinários(as) e farmacêuticos(as))	201,8	56,8	1,6
562	Cuidados corporais para particulares (cabeleireiros(as) assalariados(as), esteticistas...)	102,4	89,4	0,8
	Total cuidadores(as) segundo definição ampla	3.066,1	85,2	23,6
	Total de empregos femininos na França	13.011	48,2	100

Fontes: pesquisas Emploi 2017 e 2018 (Insee)[57].

---

[57] Agradeço a Monique Meron e a Thomas Amossé pela elaboração desta tabela sobre as mulheres nas atividades profissionais relacionadas ao cuidado na França e a Nadya Araujo Guimarães por seus comentários, que possibilitaram enriquecer a análise das informações nela contidas.

40 *O cuidado: teorias e práticas*

A tabela 2 ilustra a feminização das profissões de cuidado no sentido estrito: as mulheres são 88% na profissão. Representam, por outro lado, 21,2% das mulheres economicamente ativas, o que é uma proporção significativa. Entretanto, embora as mulheres ocupem principalmente os postos de trabalho nas profissões do cuidado, estas constituem parte significativa, mas claramente minoritária, considerando-se o total de empregos femininos, uma vez que 8 mulheres ocupadas em cada 10 trabalham fora desse setor. Por conseguinte, segundo a definição estrita das profissões do cuidado, apenas 21% dos postos ocupados pelas mulheres correspondem a essas profissões; ou 24% dos empregos femininos na França, se adotarmos um critério mais amplo, ou seja, cerca de uma mulher de cada quatro que estão empregadas. Isso suscita outras questões interessantes: quem são essas mulheres no setor do cuidado? Quais são as diferenças entre elas e as mulheres de outros segmentos do mercado de trabalho – diferenças relacionadas à escolaridade, à nacionalidade, à condição racial, à idade, à condição migratória etc.?

Observando a coluna "Número de mulheres (em milhares)" e retomando as profissões do cuidado no sentido estrito (enfermeiras e profissões afins; fisioterapeutas, cuidadoras da primeira infância; agentes de serviços hospitalares; auxiliares de enfermagem e profissões afins; assistentes maternais*, babás; cuidadoras domiciliares, faxineiras, ajudantes familiares; empregadas domésticas e pessoal de limpeza em casas particulares), chegamos a 2.761.800 trabalhadoras de um total de 13.011.000, em média, para os anos 2017-2018, ou seja, 21,2% do total das mulheres economicamente ativas na França.

As atividades profissionais em que o contingente de mulheres é o mais importante e que constituem o núcleo do trabalho do cuidado são as auxiliares de enfermagem e profissões afins (665.400); as cuidadoras domiciliares, as faxineiras e as ajudantes familiares (563.400); as enfermeiras e afins (559.300); as assistentes maternais e as babás (421.000). Assim, quatro tipos de atividade profissional concentram 2.209.100 mulheres, o que representa 17% do total das mulheres economicamente ativas.

É possível notar que, entre essas quatro atividades que constituem o núcleo duro do cuidado, duas estão relacionadas a serviços a particulares e são realizadas nos domicílios. Quanto à qualificação profissional, só a categoria das enfermeiras requer um nível de formação relativamente elevado. Esse "núcleo duro" parece estar aumentando à medida que integra tanto as que historicamente tinham o monopólio do cuidado, as enfermeiras, como muitas outras, cada vez mais numerosas, que têm

---

* Em francês, *assistantes maternelles*. São babás ou cuidadoras de crianças com curso de formação e diploma. (N. T.)

profissões mais frágeis do ponto de vista de qualificação, remuneração e direitos. O trabalho doméstico remunerado (empregadas domésticas, faxineiras) representa um número reduzido de empregos na França, em comparação com o Brasil. Observa--se na tabela que se trata de profissões ainda mais feminizadas, uma vez que 95% dos(as) empregados(as) domésticos(as) e do pessoal de faxina nas casas particulares são mulheres, mas em números absolutos, na França, representam apenas 171.400 indivíduos, ou seja, 1,3% das mulheres economicamente ativas[58].

Enfim, considerando-se as profissões do cuidado no sentido amplo, é possível observar, por um lado, que as mulheres representavam, em 2017-2018, 56,8% dos médicos e psicólogos, ou seja, 1,6% das mulheres economicamente ativas, das profissões diplomadas e qualificadas cujo acesso às mulheres, como em outras profissões diplomadas do ensino superior, é relativamente recente, mas está em crescimento intenso e rápido, inclusive nas profissões da área do cuidado e da saúde. As mulheres também surgem em proporção muito grande nas profissões do cuidado "no sentido amplo" (cf. acima, definições, teorias e controvérsias): entre os(as) cabeleireiros(as) e esteticistas, contam-se 89,4% de mulheres, que representam apenas 0,8% das mulheres economicamente ativas.

Apresentadas as principais implicações, teorias e controvérsias em torno do cuidado, mostrarei em seguida o interesse e a contribuição das comparações internacionais para esse conjunto de debates.

---

[58] Compare-se com a porcentagem dessas mesmas profissões no Brasil, que representam 10,23% das mulheres ocupadas, segundo o recenseamento de 2010 do Instituto Brasileiro de Geografia e Estatística (IBGE), homólogo do Insee. Esse número sobe para 13,79% incluindo-se as cuidadoras (cuidadoras de crianças, de pessoas idosas, em instituições e em domicílio). Em números absolutos, os(as) trabalhadores(as) domésticos(as) representam por si sós 4.949.965 pessoas no Brasil, dos(as) quais mais de 90% são mulheres.

2

Uma pesquisa comparativa sobre o trabalho do cuidado

Neste capítulo, aponto as mudanças sociodemográficas na França, no Japão e no Brasil, especialmente o envelhecimento da população e as políticas públicas para enfrentá-lo. As diferenças e as semelhanças no trabalho do cuidado são mostradas a fim de se definir melhor a contribuição das comparações internacionais para a compreensão das diversas configurações do cuidado de acordo com as sociedades.

As mudanças sociodemográficas

Essas mudanças consistem em uma grande redução da fecundidade e em um envelhecimento significativo da população, tanto nos países industrializados como naqueles em vias de industrialização. O fenômeno é visível nos três países abarcados pela minha pesquisa (cf. gráfico 1, página seguinte).

Esse gráfico apresenta dados numéricos reais referentes ao período de 1950 a 2000 e uma projeção de 2000 a 2050[1]. Assim, enquanto Brasil e França conheceram um crescimento contínuo e progressivo que se acelerou nos últimos anos, no Japão o processo se faz a um ritmo exponencial a partir dos anos 1970. O Japão e o Brasil, que tinham proporções relativamente semelhantes de idosos(as) na população total nos anos 1950, apresentam, nesse aspecto, em 2010, situações sensivelmente diferentes.

---

[1] Essa análise reproduz uma comunicação em colaboração com Nadya Araujo Guimarães e Kurumi Sugita, "*Care* et *care work*: le travail du *care* au Brésil, en France, au Japon", colóquio internacional "O que é o *care*? Emoções, divisão do trabalho, migrações", São Paulo, Universidade de São Paulo, 26-27 ago. 2010.

GRÁFICO 1. POPULAÇÃO DE 65 ANOS OU MAIS: 1950-2050

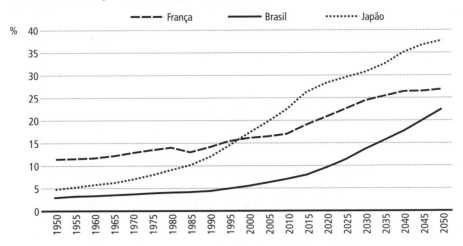

Fonte: World Population Prospect 1950-2050 – The 2008 Revision Population Database[2].

Observando-se a população de 65 anos ou mais nesses três países em 2010, nota-se que a velocidade de envelhecimento da população é mais acentuada no Japão (22,6%). Na França (17%), há uma tendência ao crescimento em um futuro próximo, embora em ritmo sensivelmente mais lento que o do Japão; a França é, ainda, um dos países mais jovens da Europa. Por fim, no Brasil (6,9%), essa tendência é mais recente, mas poderá constituir um problema sério em um futuro próximo[3]. Os problemas de dependência, em especial das mulheres[4], colocam-se pelo fato de sua expectativa de vida ser maior. No período de 2020 a 2025[5], a expectativa de vida para as mulheres no Japão é de 88,1 anos, na França é de 85,7, e, no Brasil, de 80,1 anos; para os homens, a expectativa de vida no Japão é de 81,9 anos, na França é de 79,9 e no Brasil é de 73 anos.

Segundo os critérios estabelecidos pela Organização das Nações Unidas (ONU), o Japão seria uma sociedade "superidosa" (a parcela da população de 65 anos ou

---

[2] Os dados para compor esse quadro foram extraídos do *site* da World Population Prospects, The 2008 Revision, United Nation, NY 2009, disponível em: <https://www.un.org>; acesso em: 22 jun. 2022.
[3] Houve um intenso aumento do envelhecimento no Brasil no período recente: segundo o recenseamento de 2010, havia 11% de idosos(as) (de mais de sessenta anos, segundo a Organização Mundial da Saúde, OMS, nos países em desenvolvimento); em 2020, segundo os dados da seguridade social brasileira (Datasus), havia no Brasil 14,3% de idosos(as).
[4] Cf. Carole Bonnet et al., "La dépendance: quelles différences entre les hommes et les femmes?", *Gérontologie et société*, v. 36, n. 145, 2013/2, p. 55-66.
[5] Cf. Institut national de la statistique et des études économiques (Insee), "Espérance de vie période 2020-2025", *Chiffres-clés*, 17 jan. 2020.

mais sobre a população total é igual ou superior a 20%), a França, uma sociedade "velha" (a parcela de pessoas idosas situa-se entre 14% e 20%), e o Brasil está em vias de se tornar muito em breve uma sociedade "em envelhecimento" (entre 7% e 14%). As projeções para os próximos cinquenta anos vislumbram, para os três países, um horizonte de envelhecimento de suas populações, notável sobretudo no aumento da população dos mais idosos (75 anos ou mais). Por conseguinte, nesses três países, as ocupações ligadas ao cuidado estão aumentando, em particular nos cuidados domiciliares. Chamadas de *auxiliaires de vie*, *homehelpers* ou cuidadoras, são majoritariamente mulheres que estão presentes nessas ocupações.

O peso do contexto nacional: França, Japão, Brasil

Em primeiro lugar, cabe sublinhar a variedade de modalidades de organização social do cuidado nos três contextos nacionais, o que repercute nas trajetórias e nas atividades dos(as) cuidadores(as).

Os(as) múltiplos(as) agentes do cuidado na sociedade – Estado (estruturas centrais e locais), mercado, família, organizações não governamentais (ONGs), organizações sem fins lucrativos, associações, instituições filantrópicas, trabalhadores(as) voluntários(as) e comunidade – combinam-se de formas diferentes e de maneira muito desigual e assimétrica em cada país para garantir a organização social do cuidado[6]. As múltiplas configurações – que há quem chame de *care diamond* (diamante do cuidado): relação entre o Estado, o mercado, a família, a comunidade[7] – são perceptíveis em nossa comparação entre a França, o Japão e o Brasil.

Na França, as políticas públicas têm papel central no cuidado das pessoas idosas, com numerosos mecanismos de ajuda[8]. O abono personalizado de autonomia (*allocation personalisée d'autonomie*, APA), criado em 2002, é o instrumento principal de política pública no que diz respeito às pessoas de mais de 60 anos em situação

---

[6]   Helena Hirata e Nadya Araujo Guimarães (orgs.), *Cuidado e cuidadoras: as várias faces do trabalho do* care (São Paulo, Atlas, 2012).

[7]   Shahra Razavi, *The Political and Social Economy of Care in a Development Context: Conceptual Issues, Research Questions and Policy Options, Gender and Development Program, paper* n. 3, jun. 2007; Emiko Ochiai, "Changing Care Diamonds in Europe and Asia: Is Europe Becoming Asia?", conferência de abertura, Paris, École des Hautes Études en Sciences Sociales, Center for French-Japanese Advanced Studies, 13 abr. 2015.

[8]   O que não significa que o governo financie as instituições que cuidam dos(as) idosos(as), conforme mostraram, por exemplo, as manifestações dos(as) trabalhadores(as) dos estabelecimentos de acolhimento de idosos(as) dependentes (*établissements d'hébergement pour personnes âgées dépendantes*, EHPAD), na França, em 2017-2018, contra os cortes orçamentários.

46   O cuidado: teorias e práticas

de perda de autonomia. A pessoa recebe uma avaliação de uma equipe médico-social segundo uma tabela de níveis de autonomia (a tabela AGGIR[9]) de 1 a 6: as pessoas classificadas nos níveis 5 e 6 são consideradas autônomas e sem possibilidade de ajuda, as classificadas nos níveis 1 a 4 podem ser beneficiárias do APA. Esse abono é concedido a todos(as) de 60 anos ou mais, independentemente do nível de recursos, mas o montante será maior ou menor de acordo com esse nível de recursos. Ele é utilizado para pagar despesas para que o(a) idoso(a) possa ficar em casa ou para que seja acolhido(a) em uma instituição. Os membros da família que cuidam de um(a) familiar idoso(a) também podem se beneficiar do APA, com exceção dos cônjuges. Segundo uma pesquisa de Florence Weber[10], 16% dos membros da família recebem salários (baixos) para cuidar em domicílio de familiares idosos(as). Esse tipo de medida não tem equivalente no Japão ou no Brasil. Nesses dois países, os membros da família fornecem um trabalho de cuidado não remunerado (cf. adiante). O APA, como política social, é administrado territorialmente pelos centros comunais de ação social e pelos conselhos departamentais[11].

As associações e as ONGs são também muito presentes no setor de cuidados de idosos(as). São estruturadas para realizar uma verdadeira mediação entre os(as) beneficiários(as) do cuidado e os(as) diferentes agentes prestadores(as), seja como prestatárias, seja como mandatárias. Na qualidade de prestatárias, ocupam-se da remuneração dos(as) cuidadores(as) domiciliares e também das condições de trabalho e das relações com o(a) beneficiário(a) e a família. A área do voluntariado e da filantropia é estruturada e ativa na França. Desenvolve-se também um mercado de trabalho informal para cuidadores(as) domiciliares, ao lado de estruturas – empresas privadas – que fornecem serviços de cuidadores(as) domiciliares. Enfim, na França, por volta de 600 mil idosos(as) são atendidos(as)[12] em cerca de 7.200 estabelecimentos de acolhimento de idosos(as) dependentes, dos quais 43% são públicos.

No Japão, o cuidado dos idosos é tradicionalmente considerado incumbência da família, e em particular das mulheres pertencentes à família. Assim, o cuidado informal não remunerado tem papel central no país. Segundo Ruri Ito, em 2004, "13,6% das pessoas idosas são cuidadas em estabelecimentos de acolhimento de idosos(as) dependentes, 75% são cuidadas por membros de suas famílias.

---

[9]   AGGIR: Autonomie, Gérontologie, Groupe Iso-Ressource (Autonomia, Gerontologia, Grupo Recursos ISO).

[10]   Cf. Florence Weber, Loïc Trabut e Solène Billaud (orgs.), *Le Salaire de la confiance: l'aide à domicile aujourd'hui* (Paris, Éditions Rue d'Ulm, 2014).

[11]   Os dossiês para receber o APA devem ser retirados no Centro Comunal de Ação Social (Centre communal d'action sociale, CCAS) e enviados ao Conselho Departamental.

[12]   Institut national de la statistique et des études économiques (Insee), *Tableaux de l'économie française*, edição 2020.

Quanto a cuidadores e cuidadoras familiares, 75% são mulheres: esposas, filhas, noras etc."[13]. O setor público, na verdade, tem sido muito ativo nos últimos anos no sentido da responsabilidade financeira pelo cuidado, e sobretudo a partir do "reconhecimento institucional do cuidado"[14] com a entrada em vigor do Seguro de Cuidados de Longo Prazo (*Long-Term Care Insurance*, LTCI) em 2000. Essa política pública, próxima do APA na França, cobre despesas do cuidado tanto domiciliar quanto em instituição, como as equivalentes dos estabelecimentos de acolhimento de idosos(as) dependentes ou os "centros dia" para pessoas de 65 anos ou mais. Segundo o governo japonês, trata-se de uma política "flexível" para atender as pessoas idosas que escolhem diferentes modalidades de cuidado. Existem fluxos financeiros importantes entre o setor público e o mercado, por um lado, e as ONGs, por outro. O LTCI é financiado por um imposto obrigatório pago por todos(as) os(as) residentes no Japão de quarenta anos ou mais (inclusive os(as) residentes estrangeiros(as)). Em caso de necessidade, um(a) residente paga 10% dos custos e o governo local paga os 90% restantes[15]. Tal como na França, os(as) beneficiários(as) do cuidado são assistidos(as) por empresas privadas que têm o aval do governo para agir nesse setor.

É importante acrescentar que, desde de 2006-2007, o governo japonês está tentando introduzir a mão de obra migrante no setor do cuidado. Programas de políticas públicas, como os acordos de parceria econômica (Apeji), foram assinados entre o governo japonês e outros governos, como o das Filipinas e o da Indonésia, para convocar cuidadores(as).

No Brasil, não há políticas públicas para o cuidado das pessoas idosas, como o APA na França ou o LTCI no Japão. À ausência de financiamento público do cuidado junta-se a de formas institucionais de acolhimento de idosos(as). A título de exemplo, Anna Bárbara Araujo[16] mostra, a respeito da cidade de São Paulo, que a oferta de equipamentos públicos de cuidados de pessoas idosas está muito

---

[13] Ruri Ito, "Immigration et travail de *care* dans une société vieillissante: le cas du Japon", em Jules Falquet et al. (orgs.), *Le Sexe de la mondialisation* (Paris, Presses de Sciences Po, 2010), p. 141.

[14] Ibidem, p. 139.

[15] Para mais informações sobre o sistema japonês do cuidado, cf. Chizuko Ueno, "L'Impact de l'assurance dépendance de longue durée sur le *care* dans la famille: qui prend soin de qui, et dans quel cadre? Une expérience japonaise, 2000-2012 (Entretien)", em Aurélie Damamme, Helena Hirata, Pascale Molinier (orgs.), *Le Travail: entre public, privé et intime: comparaisons et enjeux internationaux du care* (Paris, L'Harmattan, 2017) [ed. em espanhol: *El trabajo: entre lo público, lo privado y lo íntimo – Comparaciones y desafíos internacionales del cuidado*, trad. Miriam Wlosko (org.), Buenos Aires, Edunla, 2021, p. 209-19].

[16] Anna Bárbara Araujo, *Políticas sociais, emoções e desigualdades: enredando o trabalho de cuidado de idosos em uma política pública municipal* (tese de doutorado, Rio de Janeiro, Universidade Federal do Rio de Janeiro, 2019).

abaixo da demanda, pois o número dessas pessoas é de 1.733.664 (14,75% da população da cidade em 2018, segundo os dados da fundação Sistema Estadual de Análise de Dados, Seade), ao passo que a capacidade de acolhimento nas instituições públicas destinadas ao atendimento às pessoas idosas é de apenas 19.660 vagas. Embora nem todos(as) esses(as) idosos(as) – 1.733.664 – sejam dependentes e tenham necessidade de acolhimento em instituições, há uma enorme defasagem entre o número de vagas disponíveis e as pessoas suscetíveis de necessitar de atendimento.

Os equivalentes brasileiros dos estabelecimentos de acolhimento de idosos(as) dependentes, as instituições de longa permanência para idosos (Ilpi) acolhem apenas 1% da população idosa do país[17], ao passo que no Japão o mesmo tipo de instituição já acolhia, em 2004, quase 14% da população idosa[18]. Na França, os estabelecimentos de acolhimento de pessoas idosas (*établissements d'hébergement pour personnes âgées*, EHPA) acolhiam, no final de 2015, cerca de 10% da população de 75 anos ou mais (oito de cada dez dessas pessoas são, depois, acolhidas nos estabelecimentos de acolhimento de idosos(as) dependentes)[19].

No caso brasileiro, as redes de sociabilidade (redes familiares, de vizinhança, redes sociais mais amplas) são fundamentais para o cuidado. A família é sempre a principal prestadora de cuidado, que é responsabilidade de seus membros, especialmente das mulheres, e também, para os(as) mais favorecidos(as), das empregadas domésticas e faxineiras, recrutadas para as tarefas da casa e para cuidar das pessoas idosas e das crianças da família. O mercado é igualmente um provedor de cuidados, em particular pela oferta de serviços dessas empregadas domésticas, mas também pelas empresas e agências de *home care*, o que deve ser entendido no contexto das desigualdades sociais muito intensas no país. O Estado, a despeito de esforços sistemáticos, sobretudo a partir dos anos 1990, ainda não dispõe de um programa de cuidado para pessoas idosas que seja eficaz e financeiramente robusto. A responsabilidade pelos(as) idosos(as) dependentes nunca constituiu uma preocupação fundamental das políticas públicas, entretanto a situação claramente se agravou com a chegada da extrema direita ao poder e de Jair Bolsonaro à presidência da República do Brasil. A profissão de cuidadores(as) não foi regulamentada, uma vez

---

[17] Ana Amélia Camarano e Pamela Barbosa, "Instituições de longa permanência para idosos no Brasil: do que se está falando?", em Alexandre de Oliveira Alcântara, Ana Amélia Camarano, Karla Cristina Giacomin (orgs.), *Política nacional do idoso: velhas e novas questões* (Rio de Janeiro, Ipea, 2016).

[18] Ruri Ito, "Immigration et travail de *care* dans une société vieillissante", cit., p. 141.

[19] Segundo a pesquisa "EHPAD 2015" da Direction de la Recherche, des Études, de l'Évaluation et des Statistiques (Drees) do Ministério das Solidariedades e da Saúde. Cf. *Études et Résultats*, n. 1.015, jul. 2017.

que Bolsonaro emitiu um veto a essa regulamentação no final de 2019[20], verdadeira marcha à ré em relação à formação profissional dessa categoria socioprofissional, que conta 1,5 milhão de pessoas. As diferentes políticas em favor da população idosa são constantemente questionadas pela política atual do governo, que considera que essas despesas sociais não são prioritárias.

AS CONTRIBUIÇÕES DA COMPARAÇÃO INTERNACIONAL

Como o problema do envelhecimento e do aumento da população idosa é quase universal e o cuidado das pessoas idosas dependentes constitui uma necessidade que atravessa todas as sociedades, seria de imaginar que só há "uma" resposta possível para esses fenômenos. A comparação internacional tem o imenso mérito de mostrar, detalhadamente, que não é esse o caso e que as respostas diferem muito entre os países. Ao contrário, a exposição dos pontos comuns permite um procedimento inovador, tanto do ponto de vista epistemológico quanto do antropológico. Assim, a comparação internacional se mostra metodologicamente muito útil para examinar o trabalho do cuidado na interseção das relações sociais de sexo, de classe e de raça. Ela permite mostrar suas diferentes configurações em cada país e também captar as modalidades comuns da desvalorização do cuidado e a consciência que as pessoas têm delas.

Um primeiro resultado dessa comparação refere-se à divisão internacional do trabalho. Há uma maioria de trabalhadores(as) migrantes no trabalho do cuidado na região metropolitana de Paris, e os movimentos de migração externa (França, Japão) ou interna (Brasil) estão intimamente relacionados ao trabalho de cuidado. Os fluxos migratórios para o trabalho de cuidado e a globalização desse tipo de trabalho delineiam os contornos de uma nova divisão internacional do trabalho de serviços. Nesta, o trabalho das mulheres é central, tanto nas instituições quanto em domicílio, tanto realizado gratuitamente quanto como atividade remunerada. A comparação internacional do trabalho do cuidado mostra essa centralidade do trabalho das mulheres e a materialidade desse trabalho, e mostra, de igual modo, que o cuidado dispensado às pessoas dependentes é percebido como intrinsecamente feminino.

Um segundo elemento a ser destacado se refere às *diferenças* palpáveis na organização social do cuidado: a preeminência do Estado no caso da França; da família no caso do Japão; da comunidade, da rede de sociabilidade de vizinhança no caso do Brasil.

---

[20] Esse veto foi motivado, segundo o credo liberal de Bolsonaro, pelo fato de sua regulamentação "restringir o livre exercício da profissão", o que contraria a Constituição da República (mensagem da presidência da República n. 289, de 8 de julho de 2019).

A comparação internacional realça essas diferenças, as quais já tínhamos captado em uma pesquisa anterior sobre o desemprego em Paris, em Tóquio e em São Paulo[21].

Outra grande diferença macrossocial entre o Brasil, de um lado, e a França e o Japão, de outro, é a inexistência, no Brasil, de uma política pública comparável ao APA ou ao LTCI. O programa do governo federal "Saúde da Família" tem como objetivo a prevenção de todos os membros da família; assim, as pessoas idosas também são objeto de cuidado. Trata-se de um programa destinado principalmente às camadas pobres da população. Existem programas municipais de cuidadores(as) em domicílio, mas são em número muito reduzido e mobilizam apenas algumas centenas de trabalhadores(as) do cuidado na cidade de São Paulo, que tem mais de 15 milhões de habitantes e mais de 1,7 milhão de idosos(as) (cf. acima). No Brasil, não há quadro institucional estruturado para cuidado de pessoas idosas, como as políticas públicas existentes na França ou no Japão.

É preciso também analisar as inúmeras diferenças entre o APA na França e o LTCI no Japão, sobretudo quanto às modalidades de financiamento: a existência de um imposto obrigatório, inclusive para os(as) residentes estrangeiros(as) a partir de 40 anos para financiar o *kaigo hoken* (seguro-cuidado) e semelhantes projetos controversos de criação de um seguro na França, em que o financiamento seria proveniente de um imposto específico.

Outras diferenças foram constatadas na organização do trabalho e nas políticas de gestão da mão de obra. Fiquei muito surpresa com o grande número de homens *care workers* nos estabelecimentos japoneses. A proporção na França era de aproximadamente um homem para dez mulheres, e no Brasil menos ainda; ora, no Japão quase a metade dos(as) trabalhadores(as) do cuidado nos três estabelecimentos pesquisados era do sexo masculino (cf. capítulo 3). Em seguida, quanto às práticas de remuneração, há diferenças consideráveis entre os três países, especialmente em virtude da existência do bônus no Japão, um prêmio semestral que representa três a quatro salários mensais, concedido aos(às) assalariados(as) de *status* fixo na empresa. Os(as) entrevistados(as) japoneses(as) surpreenderam-se ao saber que não havia bônus na França nem no Brasil, mas apenas, às vezes, vales-presentes (França) ou um 13º salário (Brasil) que representa apenas um salário mensal por ano. Há diferenças quanto ao montante do salário entre os três países: o Japão tem os salários mais elevados, seguido pela França e, em último lugar, pelo Brasil (cf. gráfico 2, capítulo 4). Essas diferenças podem ser correlacionadas ao montante

---

[21] Contudo, por um lado, se o Estado na França e as redes de proximidade no Brasil são eficazes nos dois casos, por outro não é a família, mas a empresa que tem um papel central com relação ao desemprego no caso do Japão. Cf. Didier Demazière et al., *Être chômeur à Paris, São Paulo, Tokyo: une méthode de comparaison internationale* (Paris, Les Presses de Sciences Po, 2013).

do salário mínimo, que é mais alto no Japão, mais baixo no Brasil, estando a França em situação intermediária. Outra diferença notável entre o Japão, de um lado, e o Brasil e a França, de outro, é o número considerável de horas extras não pagas aos(às) cuidadores(as) no caso do primeiro país. Os(as) executivos(as) e diretores(as) japoneses(as) fazem horas extras sem serem pagos(as), dando o exemplo de seu envolvimento na empresa, e os(as) enfermeiros(as) e auxiliares de enfermagem consideram que não devem exigir que lhes paguem as horas extras (cf. capítulo 4).

Um terceiro resultado dessa pesquisa comparativa refere-se às *semelhanças* entre os três países. Trata-se, em primeiro lugar, da percepção dos salários, considerados baixos nos três países, apesar das diferenças que tive oportunidade de mostrar. Os homens empregados, especialmente no Japão, afirmam que não podem casar-se nem fundar uma família com tal salário. Isso é tanto mais verdadeiro porque ainda hoje um grande número de mulheres continua deixando o emprego ao nascer seu primeiro filho e, portanto, o salário do marido é o único da família.

Essa ideia de um não reconhecimento do valor monetário do trabalho do cuidado é recorrente no Japão, tal como na França e no Brasil. A revalorização dos salários das profissões do cuidado impôs-se na França como reivindicação fundamental em maio de 2020, seguindo-se à primeira onda da pandemia e aos esforços enormes exigidos das equipes de cuidadores(as) nos hospitais e nos estabelecimentos de acolhimento de idosos(as) dependentes, assim como em domicílio. No Brasil, ouviram-se ecos isolados dessa reivindicação, sem que ela se traduzisse, no entanto, em mobilizações coletivas como na França. Não tive informações a respeito de reivindicações coletivas de cuidadores(as) no Japão. Entretanto, muito recentemente, e em razão da pandemia, os hospitais decidiram suprimir o bônus no meio do ano, suscitando demissões coletivas em sinal de protesto por parte de enfermeiros(as) e médicos(as) (cf. conclusão).

Outro ponto de semelhança refere-se aos problemas de saúde no trabalho, especialmente lombalgias (*yotsuu* no Japão), hérnias de disco, declaradas como frequentes nos três países. O que surpreende é a ausência de qualquer política das empresas voltada para a prevenção das doenças (como ginástica para transtornos musculoesqueléticos, TMS, o que observei em empresas francesas e brasileiras por ocasião de uma pesquisa anterior sobre as filiais e as matrizes das companhias multinacionais francesas e japonesas no Brasil[22]).

Finalmente, o terceiro ponto de semelhança entre os(as) cuidadores(as) dos três países é mais importante, uma vez que permite retomar as questões enunciadas na

---

[22] Cf. Helena Hirata, "Les nouvelles formes d'adaptation-transferts de technologie: firmes multinationales françaises et japonaises au Brésil", *Revue Tiers Monde*, v. XXIX, n. 113, 1988, p. 211-8.

introdução desta obra: trata-se da comparabilidade entre a atividade de cuidado desses trabalhadores e trabalhadoras (cf. capítulo 4), assim como o que eles(as) entendem por cuidado, apesar da grande diferença entre as trajetórias desses(as) cuidadores(as) e as organizações sociais do cuidado. De fato, a heterogeneidade dos perfis de trabalhadores(as) do cuidado entrevistados(as) na minha pesquisa contrasta com o fato de, nos três países, tratar-se de uma profissão pouco valorizada, com salários relativamente baixos e socialmente pouco reconhecida. Essa uniformidade da atividade profissional, apesar da desigualdade dos perfis e das trajetórias dos(as) trabalhadores(as), parece encontrar explicação no próprio núcleo da atividade de cuidado, tradicional e gratuitamente realizada na esfera doméstica e familiar pelas mulheres. Essa hipótese, formulada pelas teóricas do gênero e do cuidado, foi confirmada por minha pesquisa. Salários e condições de trabalho ruins para a saúde unem as trabalhadoras e os trabalhadores do cuidado de diferentes regiões do mundo, ao passo que a desvalorização de um trabalho tradicionalmente realizado pelas mulheres une os(as) cuidadores(as) de diferentes horizontes. Todos esses fatores apontam para "uma nova figura salarial feminina"[23], sendo que as grevistas dos estabelecimentos de acolhimento de idosos(as) dependentes na França mostraram o caminho durante a mobilização contra o Estado e a direção das empresas em 2017 e 2018. Quanto a mim, levanto a hipótese de que essa nova figura só pode emergir pela convergência das reivindicações atualmente afirmadas por diferentes categorias de assalariadas e pelo movimento feminista, incluindo a consideração do trabalho doméstico como trabalho e do valor de uso desse trabalho.

---

[23] Expressão utilizada por Danièle Kergoat em sua análise do movimento social das enfermeiras. Cf. Danièle Kergoat et al., *Les infirmières et leur coordination 1988-1989* (Paris, Lamarre, 1992).

3

Globalização, trabalhadores(as) do cuidado e migrações

Este capítulo examina o impulso da migração internacional e nacional das trabalhadoras e dos trabalhadores do cuidado no contexto da globalização, especialmente a partir de meados dos anos 1990. São analisadas as consequências desse processo sobre a precarização do emprego e do trabalho, assim como as consequências sobre a divisão sexual do trabalho. Em seguida, apresentarei os dados numéricos referentes ao universo dos(as) profissionais do cuidado e o perfil dos(as) cuidadores(as) entrevistados(as) nos estabelecimentos de acolhimento de idosos(as) dependentes e equivalentes, em Paris, em Tóquio e em São Paulo. Terminarei o capítulo analisando as discriminações e o racismo de que são objeto os(as) cuidadores(as) migrantes internacionais ou nacionais, pelo fato de serem estrangeiros(as) ou pela cor de sua pele.

Globalização e tipos de migração

Minha pesquisa sobre o trabalho do cuidado mostra que o desenvolvimento deste está hoje intimamente associado aos movimentos das migrações internacionais. A tese ousada de Sara Farris[1], segundo a qual o trabalho do cuidado não deve ser definido no âmbito do trabalho assalariado ou do trabalho das mulheres, mas no âmbito do trabalho das migrantes, é absolutamente heurística e pertinente. Entretanto, uma especificidade francesa deve ser destacada: de acordo com minha pesquisa, 90% do trabalho do cuidado em Paris e na região parisiense é realizado por trabalhadores(as) migrantes ou de origem migrante nascidos(as) na França. Em outras regiões

---

[1] Sara Farris, "Les fondements politico-économiques du fémonationalisme", *Contretemps*, n. 17, jul. 2013.

54 *O cuidado: teorias e práticas*

francesas, o número de migrantes é pequeno e os(as) trabalhadores(as) do cuidado são principalmente assalariados(as) franceses(as). Eu teria obtido resultados muito diferentes se tivesse optado por uma área fora de Paris e da região parisiense, porém minha escolha estava relacionada à comparação entre grandes metrópoles nos três países. E atualmente já não é possível estudar o trabalho do cuidado nas grandes metrópoles sem abordar o impulso das migrações internacionais femininas, especialmente a partir dos anos 2000. Essas migrações, no contexto da globalização, concorrem para determinar as categorias de migrantes, e com isso a própria divisão sexual do trabalho doméstico se altera.

De fato, uma das particularidades do trabalho do cuidado é que ele implica a migração internacional de trabalhadoras – cuidadoras domiciliares, babás, empregadas domésticas – da Ásia, da África, da América Latina, das Antilhas, do Leste Europeu para os Estados Unidos, o Canadá, a Europa ocidental e o Japão. Segundo os dados da Organização Internacional do Trabalho (OIT), entre os 67 milhões de trabalhadores(as) domésticos(as) do mundo em 2013, 8,5 milhões eram mulheres migrantes internacionais[2]. A crise do cuidado, provocada pela falta de mão de obra disponível para essas tarefas difíceis, penosas, mal remuneradas e socialmente pouco reconhecidas, torna indispensáveis os fluxos migratórios do Sul para o Norte e do Leste para o Oeste no que diz respeito à França. No entanto, assistimos também a um movimento emergente Sul-Sul, com a chegada recente, por exemplo, de migrantes filipinas para serem babás em famílias abastadas de São Paulo, no Brasil, para que os(as) filhos(as) destas possam aprender o inglês ao mesmo tempo que recebem os cuidados cotidianos. Por outro lado, nos grandes países do Sul[3], também há migrações internas, como é possível constatar no caso do Brasil (cf. mais à frente) ou da China[4].

Outra particularidade do cuidado é que os(as) beneficiários(as), em sua maioria, não podem ser deslocados(as) como a produção industrial de empresas multinacionais – embora se observe uma tendência recente a criar casas de repouso na África do Norte, nos países da América Latina ou do Leste Europeu para acolher, a um

---

[2] Cf. Organização International do Trabalho (OIT). *ILO Global Estimates on Migrant Workers: Results and Methodology-Special Focus on Migrant Domestic Workers*, Genebra, 2015, tabela 2.1, p. 6.

[3] No final de 2020, a China pôde ser considerada pelo Banco Mundial, ainda durante algumas semanas ou alguns meses, um país em desenvolvimento, portanto pertencente ao Sul (alguns países do Sul situam-se geograficamente no hemisfério Norte), por uma simples razão: a partir de certo nível de renda *per capita*, um país é considerado avançado; ora, tudo indica que a China o está ultrapassando. A China protesta, pois há muitas vantagens em ser qualificada como um país do Sul (direitos alfandegários etc.). Agradeço a Pierre Salama por essas explicações sobre a situação da China no Sul.

[4] Para a China, cf. Li Shuang, *Employées domestiques dans la Chine actuelle: le service domestique au croisement des rapports sociaux de sexe et de la hiérarchie urbain/rural* (tese de doutorado, Paris, Universidade Paris 8 Vincennes – Saint-Denis, 2009).

custo menor, pessoas idosas dependentes. Deve-se também notar os movimentos de capitais para regiões rentáveis onde há beneficiários(as) potenciais, idosos(as) dependentes não deslocáveis. Grandes grupos europeus que têm estabelecimentos para acolhimento de idosos(as) dependentes criam assim filiais na Europa, mas também na América Latina.

Esse processo de globalização do cuidado representa uma reviravolta para todos os países, mas não tem as mesmas consequências para os países do Norte e do Sul, nem para os homens e para as mulheres. A crise do cuidado e a chegada de mulheres migrantes afetam mais diretamente os países do Norte. Nos países do Sul, em que as redes de vizinhança e de ajuda solidária são colocadas a serviço das necessidades de cuidado, podem surgir outras implicações, como trazer à tona as carências do Estado. Enfim, essa crise do cuidado também pode se manifestar em certos países – como na Bulgária, que fornece um contingente considerável de *badanti*, cuidadores(as) domiciliares de idosos(as), para a Itália – em razão de um déficit demográfico. Os fluxos migratórios e, também, a globalização do cuidado e do trabalho reprodutivo desenham assim os contornos de uma nova divisão internacional do trabalho, a do serviço – pode-se falar de uma "cadeia global de afeto e de assistência"[5] ou da divisão internacional do trabalho reprodutivo, retomando os termos de Rhacel Parreñas[6]. A necessidade de trabalhadoras do cuidado suscita esses fluxos migratórios, no caso da França particularmente a partir de 1990. Na verdade, a externalização do trabalho do cuidado nesse país se tornou uma necessidade, levando em conta a maior polarização do emprego feminino[7] a partir dos anos 1990: encontra-se, por um lado, o polo das mulheres que exercem funções executivas, que têm diplomas universitários e responsabilidades profissionais que exigem a transferência do trabalho do cuidado para outras mulheres, as quais constituem, por outro lado, o polo das mulheres com pouca qualificação formal e universitária, que assumem o cuidado domiciliar, sobretudo das crianças, para que mães da classe média e superior possam trabalhar. Para além da França, a polarização

---

[5] Cf. Cristina Carrasco, "La sostenibilidad de la vida humana: un asunto de mujeres?", *Mientras Tanto*, Barcelona, n. 82, 2001; Barbara Ehrenreich e Arlie R. Hochschild (orgs.), *Global Woman: Nannies, Maids and Sex Workers in the New Economy* (Nova York, Metropolitan Books, Henry Holt and Company, 2002).

[6] Rhacel Parreñas, *Servants of Globalization: Women, Migration, and Domestic Work* (Stanford, Stanford University Press, 2001), cf. capítulo 3, p. 61 e seg.

[7] Sobre a polarização do emprego feminino, cf. Catherine Hakim, *Key Issues in Women's Work: Female Heterogeneity and the Polarisation of Women's Employment* (Londres/Atlantic Highlands, Athlone, 1996); Danièle Kergoat, "La division du travail entre les sexes", em Jacques Kergoat et al. (orgs.), *Le Monde du travail* (Paris, La Découverte, 1998); Cristina Bruschini e Maria Rosa Lombardi, "A bipolaridade do trabalho feminino no Brasil contemporâneo", *Cadernos de Pesquisa*, São Paulo, n. 110, 2000.

do emprego das mulheres e, de modo mais geral, seu ingresso maciço no trabalho assalariado no mundo todo foram um poderoso motor de expansão generalizada dos empregos domésticos e de cuidado, aliando as desigualdades mulheres-homens às desigualdades entre mulheres.

A despeito das posições reacionárias da direita europeia pela defesa das fronteiras em nome da proteção da identidade nacional, os fluxos migratórios continuam a se desenvolver, materializando a globalização do trabalho e do emprego, realidade que tem aspecto principalmente feminino. Nancy Green estabelece as coordenadas dessa questão:

> [...] a chegada maciça dos imigrados no século XX marca o período áureo da grande indústria até que a presença em grande número das imigradas no século XX traduza a terceirização da economia e a importância dos serviços à pessoa, definidos como femininos. A construção baseada em gênero dos fluxos migratórios segue tanto as transformações do mercado de trabalho quanto as políticas dos Estados.[8]

Os dados disponíveis para o período recente mostraram que, na França, as mulheres migrantes se tornaram, em números absolutos, mais numerosas que os homens migrantes a partir de 1999[9]. Observa-se a mesma tendência nas principais regiões do mundo. A parcela de mulheres na população migrante na Europa, na América do Norte, no Japão, na Austrália e na Nova Zelândia ultrapassa 50%, segundo os dados da Organização das Nações Unidas (ONU) apresentados por Mirjana Morokvasic[10].

De acordo com Catherine Withol de Wenden[11], a cada ano 100 milhões de mulheres deixam seu país de origem, ou seja, a metade dos migrantes do mundo. Segundo essa autora, entre 1990 e 1999 migraram mais mulheres que homens, menos de origem rural e cada vez mais diplomadas, migrando sozinhas ou com outras migrantes. Segundo Morokvasic, especialista europeia em migrações femininas e uma das pioneiras dos estudos sobre relação entre gênero e migrações, trata-se de um movimento de longa data: ela mostra que em 1960 as mulheres já representavam 46,6% dos(as) migrantes no mundo e são hoje mais de 50%[12]. Entretanto, em

---

[8] Nancy Green, "Quatre âges des études migratoires", dossiê "Femmes et genre en migration", *Clio*, n. 51, 2020, p. 192.

[9] Pesquisa Emploi [Emprego], Insee, em *France, portrait social: la documentation française*, Paris, 2006, p. 248-9.

[10] Mirjana Morokvasic, "L'(in)visibilité continue", *Cahiers du Genre*, n. 51, 2011.

[11] Catherine Withol de Wenden, *La Globalisation humaine* (Paris, PUF, 2009).

[12] Sobre a presença, nos Estados Unidos, das mulheres migrantes sozinhas no século XIX, cf. também Nancy Green, *Repenser les migrations* (Paris, PUF, 2002).

alguns países, como a Itália ou a Espanha, essa feminização é mais recente. Esses dois países, antigamente fornecedores de mão de obra, em particular para a França no século XIX e no início do século XX, assistem a um aumento da imigração de mulheres, fenômeno observado sobretudo nos países desenvolvidos, pois nos países menos desenvolvidos os dados se mantêm constantes, em torno de 45%, de 1960 até hoje[13]. É possível explicar, pelo menos em parte, esse aumento significativo do número de mulheres migrantes pela expansão de trabalhos no setor de serviços, em especial os empregos relacionados ao cuidado. Com frequência, a situação dessas mulheres é precária, muitas delas sem documentos, sem visto de permanência, e a maioria é privada de contrato de trabalho e de direitos. Verifica-se, então, como uma análise que inclui relações de gênero, de raça e de classe facilita a compreensão da situação dessas mulheres, para as quais as relações de serviço generizadas, classializadas e racializadas podem se tornar relações de servidão.

A globalização e a recente onda de migrações internacionais femininas tiveram como consequência uma distribuição diferente do trabalho assalariado e doméstico entre os homens e as mulheres, uma vez que uma parte do trabalho doméstico e de cuidado foi terceirizada e excluída das relações de trabalho (doméstico) entre homens e mulheres. No entanto, isso não parece ter mudado significativamente a distribuição dos empregos entre homens e mulheres nem a divisão sexual do trabalho e das remunerações, mas, ao contrário, parece ter exacerbado as desigualdades relacionadas ao gênero, à raça, à classe social[14].

O processo de globalização, a par da expansão acelerada das migrações internacionais, tornou mais nítidas a desigualdade, a diversidade e a heterogeneidade entre os sexos, as classes sociais e as raças. As pesquisas de Christelle Avril na França[15], assim como minhas pesquisas, mostram um aumento das desigualdades entre migrantes e nativos(as) no contexto francês, confirmando a tese de Joan Tronto[16] sobre a crescente desigualdade na distribuição do trabalho de cuidado. Por outro lado, a globalização do cuidado atualmente contribui para a visibilidade, na esfera pública, de questões até então confinadas à esfera privada, ou da intimidade: processo de visibilização incrementado com a circulação mundial da epidemia do coronavírus a partir do primeiro semestre de 2020.

Em geral, quais foram as consequências da globalização sobre a divisão sexual do trabalho e que resposta ela suscitou como movimentos sociais sexuados? As coisas podem ser resumidas como se segue. Em primeiro lugar, a globalização criou mais

---

[13] Mirjana Morokvasik, "L'(in)visibilité continue", cit.

[14] Cf. Jules Falquet et al. (orgs.), *Le Sexe de la mondialisation* (Paris, Presses de Sciences Po, 2010).

[15] Christelle Avril, *Les Aides à domicile: un autre monde populaire* (Paris, La Dispute, 2014).

[16] Joan Tronto, *Un monde vulnérable: pour une politique du care* (Paris, La Découverte, 2009 [1993]).

58   *O cuidado: teorias e práticas*

empregos para as mulheres, porém, ao mesmo tempo são empregos mais precários e vulneráveis. Em segundo lugar, a abertura dos mercados e a política de desregulamentação acarretaram condições de trabalho desfavoráveis para as mulheres, aumentando sua carga de trabalho remunerado e não remunerado. Em terceiro lugar, a globalização foi acompanhada por um processo de privatização: uma parte do trabalho de reprodução social realizada anteriormente pelo Estado recai sobre a esfera familiar e o mercado do trabalho precário (trabalho feminino pouco remunerado para garantir a reprodução social), ao passo que a redução dos serviços públicos aumenta o trabalho doméstico e de cuidado das mulheres.

Concomitantemente a esses aspectos do processo de globalização, emergiu um movimento social das mulheres contra a globalização neoliberal (por exemplo, com a Marcha Mundial das Mulheres em 2000), reivindicando autonomia total em relação aos movimentos altermundialistas, aos sindicatos, aos partidos e aos homens em geral. Com respeito à França, parece-me que se deve relacionar esse movimento social das mulheres em nível internacional à emergência de um movimento reivindicatório das trabalhadoras do cuidado nos estabelecimentos de acolhimento de idosos(as) dependentes, em 2017 e 2018, e nos hospitais em 2020. Esse movimento pode reforçar a inscrição das mulheres na política, embora a relação dessas trabalhadoras do cuidado com os sindicatos ou determinados homens possa divergir das posições da Marcha Mundial das Mulheres. Voltarei a essa questão na conclusão deste livro.

A importância da globalização do cuidado não tem a ver apenas com as mudanças que ela suscita no trabalho remunerado das mulheres, mas também com sua repercussão na distribuição do trabalho doméstico no seio do casal e da família. Isso se deve também às questões teóricas e políticas suscitadas pela emergência das diferenciações e das contradições no próprio interior do grupo das mulheres[17]. Há oposição e antagonismo entre a empregadora e a trabalhadora, que possibilitarão à primeira seguir e assumir suas responsabilidades profissionais[18].

Esses argumentos levam a uma conclusão de ordem epistemológica: é preciso romper com a leitura predominante dos modelos migratórios segundo a qual as mulheres se limitariam a acompanhar as trajetórias migratórias masculinas[19], ou então seriam pura e simplesmente ignoradas. As mulheres são, com frequência, relegadas aos papéis tradicionais de "acompanhantes" ou de "agrupamento familiar".

---

[17] Danièle Kergoat, "Penser la différence des sexes: rapports sociaux et division du travail entre les sexes", em Margaret Maruani (org.), *Femmes, genre et sociétés* (Paris, La Découverte, 2005).

[18] Cf. Danièle Kergoat, "La division du travail entre les sexes", cit., p. 322-3.

[19] Adelina Miranda, *Migrare al femminile: appartenenza di genere e situazioni migratorie in movimento* (Milão, McGraw Hill, 2008).

Contribui intensamente para esse processo de invisibilização o fato de as atividades assalariadas das mulheres migrantes serem realizadas em especial nos serviços domésticos e em toda uma série de atividades precárias, não assalariadas, não reconhecidas como trabalho "de verdade".

Ao aliar a sociologia do gênero à sociologia das migrações, esta seção propôs então analisar os processos migratórios segundo uma abordagem que considera relações sociais, sexo e gênero. A introdução da dimensão do gênero torna mais complexa a construção teórica dos modelos de interpretação da globalização. Para considerar a variabilidade e a permanência dessas relações sociais, parece-me necessário recorrer, por um lado, à história e, por outro, às comparações internacionais, que permitem apreender as variabilidades, no espaço e no tempo, da divisão sexual do trabalho e do emprego.

GLOBALIZAÇÃO, MIGRAÇÕES E PROCESSO DE PRECARIZAÇÃO

O envelhecimento da população, a imigração no contexto da globalização, as transformações do mercado de trabalho e dos regimes de proteção social e as lentas, mas profundas, evoluções na esfera da reprodução contribuíram, portanto, para o surgimento dessas novas profissões do cuidado, sempre majoritariamente femininas. Ora, a análise da globalização e das migrações do cuidado leva diretamente ao exame da questão da precariedade e da precarização associadas a elas. Entendo por precarização:

- *uma falta de proteção social e de direitos sociais,* inclusive de direitos sindicais: o trabalho informal nos países do Sul envolve atividades realizadas sem proteção social (seguridade social, aposentadoria, férias pagas etc.). Um certo número de empregos de serviço nos países do Norte (empregados(as) domésticos(as), faxineiros(as), cuidadores(as) domiciliares etc.) também não têm essa proteção, uma vez que não são registrados. Essa situação é variável de acordo com os países do Norte, podendo a intervenção do Estado limitar ou, ao contrário, ampliar o trabalho não registrado;
- *horas reduzidas de trabalho, que têm como consequência salários baixos,* com frequência levando à precariedade; assim, uma trabalhadora em tempo parcial, mesmo com contrato por tempo indeterminado (*contrat à durée indeterminée,* CDI), pode ser considerada uma profissional que exerce um trabalho precário. O acúmulo de pequenos contratos em tempo parcial pode levar a uma grande quantidade de horas trabalhadas, mas essa é a própria consequência da precariedade do trabalho;
- *baixos níveis de qualificação*: a ausência de qualificação formal, além das baixas remunerações que lhe são associadas, conduz, em muitos casos, à precariedade e ao desemprego. Por outro lado, mesmo quando essas trabalhadoras têm diplomas,

às vezes de grau bastante elevado, estes não são levados em consideração porque não sancionam diretamente uma formação para o trabalho do cuidado.

Esses indicadores apontam para uma intensa divisão sexual da precariedade, sendo as mulheres mais numerosas que os homens no trabalho informal, por um lado, e no trabalho em tempo parcial, por outro: disso resulta um número de horas trabalhadas inferior e níveis mais baixos na escala das qualificações.

Além disso, parece-me importante observar que determinados(as) pesquisadores(as)[20] consideram, em princípio, *o ponto de vista subjetivo* como constitutivo da própria noção de precariedade: eles e elas colocam em primeiro plano a relação subjetiva com o trabalho e com a instabilidade dos *status*. Também concordo com os(as) pesquisadores(as) que enfatizam a transversalidade das situações dispersas que são reunidas com a noção de precariedade.

Desse ponto de vista, o tema da precariedade talvez ofereça uma possibilidade de identificação e de associação ampla e transversal daquilo que está disperso. Precariedade no trabalho e no emprego, precariedade das condições de vida, precariedade familiar, urbana e de moradia, precariedade diante da escola e da cultura, insegurança social e desestabilização das trajetórias de vida, precariedade econômica ou pobreza, precariedade social associada ao envelhecimento, ao celibato ou à juventude[21].

As atividades do cuidado trazem a marca da precariedade para uma grande parte dos(as) cuidadores(as), e isso no mundo todo. O texto a seguir apresenta dois exemplos dessa precariedade de emprego e de vida[22] mencionados em agosto de 2019 pelas mídias de língua francesa e de língua espanhola.

As trabalhadoras filipinas do cuidado em Israel
(*Le Monde*, 9 de agosto de 2019)

No início de agosto de 2019, mil pessoas se manifestaram em Tel-Aviv contra a ameaça do governo de expulsar cinquenta filhos de trabalhadoras migrantes. Mães e filhos foram presos e tinham 45 dias para deixar o país. A maioria era de origem filipina. A partir dos anos 1990, essas mulheres migraram para Israel para se tornarem auxiliares de vida de idosos(as). Seu visto podia ser renovado a cada ano durante cinco anos, e depois era renovável se o(a) idoso(a) ainda estivesse vivo(a). As autoridades

---

[20] Béatrice Appay, *La Dictature du succès: le paradoxe de l'autonomie contrôlée et de la précarisation* (Paris, L'Harmattan, 2005); Danièle Linhart, "Modernisation et précarisation de la vie au travail", *Papeles del CEIC*, n. 43, mar. 2009; Patrick Cingolani, *La Précarité* (Paris, PUF, 2006).

[21] Sophie Béroud et al., *En Quête des classes populaires: un essai politique* (Paris, La Dispute, 2017), p. 19-20.

[22] "População cujo trabalho e cuja vida são precários", segundo as palavras de Judith Butler em um interessante ensaio sobre a vulnerabilidade e a precariedade. Judith Butler, "Vulnerability, Precarity, Coalition", em Delphine Gardey e Cynthia Kraus (orgs.), *Politics of Coalition: Thinking Collective Action* (Zurique/Genebra, Seismo, 2016), p. 250.

não querem que essas migrantes se fixem em Israel e exigem que o bebê de uma cuidadora seja mandado de volta ao país de origem da mãe. Entretanto, muitas crianças permanecem ilegalmente com a mãe no país. Algumas mulheres, graças às mobilizações, são legalizadas.

As trabalhadoras nicaraguenses do cuidado na Espanha
(*El País*, 8 de agosto de 2019, *Semanário da Abet*, 12 de agosto de 2019)

O jornal traz a chamada: "Escravas nicaraguenses cuidam das pessoas idosas em Logroño". Uma rede que explorou cinquenta mulheres em La Rioja e em Huesca recrutava moças pobres, sem instrução e com filhos, comprando passagens para que elas migrassem da Nicarágua para a Espanha, prometendo-lhes um bom emprego. Essas mulheres cuidavam de pessoas idosas doentes ou dependentes, sem ter nenhuma experiência nem formação prévia. Como elas eram objeto de tráfico, a rede lhes confiscava o passaporte, e membros da rede ameaçavam atacar suas famílias. Uma economista entrevistada por *El País* menciona uma precariedade absoluta e falta de proteção a essas cuidadoras de idosos(as). Sete criminosos dessa rede foram detidos.

Outra reflexão preliminar sobre as trajetórias das trabalhadoras do cuidado diz respeito à sua condição de imigrantes. Assim, na Île-de-France, as cuidadoras, em sua maioria, são imigrantes, e no Brasil são essencialmente migrantes das zonas rurais e pobres... No Japão, as tentativas do governo de introduzir mão de obra imigrada no setor do cuidado deram, até hoje, resultados muito limitados. Acrescente-se que, no caso das cuidadoras imigradas entrevistadas na França, não constatei o tipo de separação do casal descrito por Arlie R. Hochschild[23]. As separações eram apenas muito provisórias, e as famílias viviam juntas em quase todos os casos de mulheres casadas ou que moravam com os companheiros, com ou sem filhos. Pode-se perceber também que um grande número de casais e de famílias se constituiu na França e não no país de origem das cuidadoras. Essa constatação reforça a ideia elaborada por Christelle Avril e Marie Cartier de que as migrantes apresentam uma grande diversidade de perfis, sendo o descrito por Hochschild – de casais e famílias separados pela migração – apenas um dos perfis possíveis[24].

No que se refere às migrações, as pesquisas desenvolvidas nos países do Sul mostram que elas podem estar ligadas ao cuidado sem, no entanto, serem "migrações

---

[23] Arlie Hochschild afirma que, ao contrário de seus(suas) empregadores(as) dos países do Norte, as trabalhadoras do cuidado não podem morar com suas famílias e ao mesmo tempo obter meios financeiros para prover suas necessidades. Obrigadas a deixar os filhos com as avós, as irmãs, as cunhadas, as filhas mais velhas etc., em geral só podem vê-los uma vez por ano. Cf. Barbara Ehrenreich e Arlie R. Hochschild (orgs.), *Global Woman*, cit.

[24] Cf. Christelle Avril e Marie Cartier, "*Care*, genre et migration: pour une sociologie contextualisée des travailleuses domestiques dans la mondialisation", *Genèses,* Paris, n. 114, 2019.

de cuidado"[25]. De fato, embora esses empregos constituam um nicho para algumas mulheres migrantes, trata-se apenas de uma opção entre outras; muitas delas conhecerão diversas formas precarizadas de emprego. À luz dos resultados de pesquisas recentes nos países do Sul, parece mais apropriado falar em relações entre "migração e cuidado" do que em "migração de cuidado"[26]. Assim, por exemplo, os(as) imigrados(as) da Bolívia, do Paraguai e de outros países da América Latina se dirigiam, até muito recentemente, em especial para outros setores econômicos – é o caso, por exemplo, do setor de confecção, que emprega, de modo ilegal, em oficinas clandestinas, migrantes bolivianos(as).

Deve-se notar também a importância das migrações internas. Em países como China[27], na Ásia, Colômbia[28] ou Brasil (cf. mais à frente), na América Latina, o trabalho de cuidado também se alimenta dos fluxos migratórios internos. Estes, no entanto, tendem a ser dissimulados pelos esquemas migratórios internacionais, que chamaram mais a atenção dos especialistas.

Quanto às trajetórias profissionais e pessoais dos(as) trabalhadores(as) do cuidado, observei a importância das migrações e da desqualificação[29] na França; da informalidade e dos empregos múltiplos no Brasil; das carreiras femininas mais estáveis e da frequência das situações de desemprego e depois de reconversão para os homens *care workers* no Japão. Uma característica que atravessa essas trajetórias diferenciadas é a precarização e a desqualificação observadas com frequência nos itinerários profissionais. Em cada país, a configuração das relações sociais é diferente, mas nos três países são os(as) mais vulneráveis que se tornam prestadores ou prestadoras de cuidado.

Minha trajetória de pesquisa levou-me, então, da análise da divisão sexual e internacional do trabalho à da globalização, das migrações internacionais e da cadeia do cuidado. Nesse percurso, que acompanhou a evolução da economia no plano internacional, deixei a área da indústria e das operárias e dos operários industriais para estudar o setor de serviços e, mais particularmente, o serviço às pessoas idosas.

---

[25] Cf. Natacha Borgeaud-Garciandía, Nadya Araujo Guimarães e Helena Hirata, "Introduction: *care* aux Suds: quand le travail de *care* interroge les inégalités sociales", *Revue internationale des études du développement*, n. 242, 2020.

[26] Idem.

[27] Li Shuang, *Employées domestiques dans la Chine actuelle*, cit.

[28] Luz Gabriela Arango e Pascale Molinier, *El trabajo y la ética del cuidado* (Medellín, La Carreta/Escuela de Estudios de Género, Universidad Nacional de Colombia, 2011).

[29] Desqualificação no sentido de não consideração pelo empregador da qualificação adquirida previamente pelo(a) trabalhador(a), e o recrutamento desse(a) trabalhador(a) num posto inferior ao que ele(a) se destinava pela sua formação.

Nessa mudança de objeto de pesquisa, mantiveram-se alguns elementos de metodologia, de problemática e de categorias analíticas fundamentais. Assim, continuei utilizando a metodologia das comparações internacionais, especialmente a comparação Brasil-França-Japão. Entretanto, como em minha pesquisa anterior sobre as instituições e os(as) personagens do desemprego[30], a comparação tem como objeto instituições e personagens do cuidado em Paris, em Tóquio e em São Paulo. Na verdade, para comparar situações internas e internacionais de migrantes, concentradas nas metrópoles dos três países, o perímetro da comparação era mais a grande cidade – a capital da França e a do Japão e, no caso do Brasil, São Paulo, a capital econômica do país – que o país em seu conjunto. Essas três áreas metropolitanas têm características socioeconômicas globais que remetem à sua inserção em um regime econômico capitalista e a sua inscrição em trocas globalizadas. Os três mercados de trabalho metropolitanos podem ser comparados: as trabalhadoras do cuidado têm no contexto desse mercado tarefas e situações de trabalho *grosso modo* comparáveis, e a globalização as afeta de maneira semelhante. Além disso, podemos apreender melhor o entrelaçamento das relações sociais de poder entre as trabalhadoras inscritas em áreas metropolitanas.

O UNIVERSO DOS(AS) PROFISSIONAIS DO CUIDADO

Apresento aqui algumas informações e dados estatísticos referentes aos(às) profissionais do cuidado, os(as) cuidadores(as), no Brasil, na França e no Japão.

Uma das especificidades do Brasil é que as atividades de cuidado, seja em domicílio, seja em instituições para idosos(as), são exercidas por brasileiros(as). Embora o trabalho doméstico fosse realizado até o final do século XIX por escravos(as) vindos(as) da África e por seus e suas descendentes e, ao longo do século XIX e no início do século XX, o Brasil tenha conhecido importantes fluxos migratórios provindos da Europa e do Japão para o trabalho agrícola e para a indústria, o setor de emprego doméstico remunerado e do cuidado é hoje essencialmente constituído por assalariadas de nacionalidade brasileira, com frequência provenientes do Nordeste, região mais pobre do país. Trata-se, portanto, de migrações internas. Deve-se notar também que, segundo o recenseamento da população de 2010, havia quase 5 milhões de empregados(as) domésticos(as) e de faxineiros(as) no Brasil[31]

---

[30] Cf. Didier Demazière et al., *Être chômeur à Paris, São Paulo, Tokyo: une méthode de comparaison internationale* (Paris, Les Presses de Sciences Po, 2013).

[31] Entretanto, de acordo com os dados de 2013 da OIT, o Brasil tinha 7,2 milhões de empregados(as) domésticos(as) (6,7 milhões de mulheres e 504 mil homens) e é o país com a maior população de empregadas domésticas do mundo, em números absolutos, segundo estudo realizado em

64 O cuidado: teorias e práticas

(cerca de 4% de homens). Além do trabalho doméstico, elas e eles cuidam das crianças e dos(as) idosos(as) da família. Assim, é impossível pensar o mercado de trabalho para as atividades de cuidado nesse país sem levar em conta a existência de uma fluidez das fronteiras entre trabalho de cuidado das pessoas dependentes e trabalho doméstico remunerado tradicional. Do mesmo modo, é impossível fazer uma apresentação numérica dos(as) trabalhadores(as) do cuidado sem levar em conta o grande número de trabalhadores(as) domésticos(as) que se deve acrescentar ao número de trabalhadores(as) do cuidado *stricto sensu*.

Para a França, assim como para o Brasil, existem "fontes estatísticas múltiplas para empregos de difícil apreensão"[32]. Todavia sabemos que, ao contrário do Brasil, em que o contingente de empregados(as) domésticos(as) e de faxineiros(as) entre os particulares é abundante, esse grupo de profissionais na França não constitui mais que 1% dos empregos segundo a pesquisa Emploi de 2005 (contra 5% no início do século XX) e representa "1,24 milhão de pessoas assalariadas em contrato consensual, exceto babás, das quais 90% são empregadas domésticas"[33]. Essa modalidade de emprego direto é muito mais importante que a de serviços prestados ou agenciados. Os órgãos autorizados de serviços à pessoa (*organismes agréés de services à la personne*, Oasp) contam na França cerca de 400 mil empregos assalariados, dos quais 41% são em modalidade de agenciamento mandatário[34]. As associações ainda dominam o setor, mas as empresas privadas passam por intenso crescimento.

Na França, segundo a Diretoria de Pesquisa, Estudos, Avaliação e Estatísticas (Direction de la recherche, des études, de l'évaluation et des statistiques, Drees) do Ministério de Assuntos Sociais, Saúde e Direitos das Mulheres, em 2008 contavam-se 515 mil "cuidadores(as) domiciliares de pessoas fragilizadas". Destes(as), 97,5% eram mulheres, com idade média de 44,9 anos. Os dados da pesquisa Emploi do Instituto Nacional de Estatística e Estudos Econômicos (Institut national de la statistique et des études économiques, Insee) para o período de 2009 a 2011 são semelhantes: contavam-se 537 mil cuidadores(as) domiciliares e cuidadores(as) médico-sociais, e a parcela de mulheres foi sempre de 97%. No mesmo período,

---

117 países e divulgado em 2013 pela OIT. Em segundo lugar, está a Índia, com 4,2 milhões, e depois a Indonésia, com 2,4 milhões. Cf. <https://news.un.org.story)_2013/01_)_1425291-org-di>; acesso em: 22 jun. 2022.

[32] François-Xavier Devetter, Florence Jany-Catrice e Thierry Ribault, *Les Services à la personne* (Paris, La Découverte, 2009, coleção Repères), p. 20.

[33] Ibidem, p. 18-9.

[34] Ibidem, p. 21.

a pesquisa Emploi recenseava 244 mil empregados(as) domésticos(as), 553 mil auxiliares de enfermagem e 440 mil assistentes maternais[35].

A pesquisa Emploi de 2017 recenseava 184.288 (174.044 mulheres e 10.244 homens) empregados(as) domésticos(as) e faxineiros(as) em casas particulares; 599.925 (576.142 mulheres e 23.783 homens) cuidadores(as) domiciliares, auxiliares de limpeza e trabalhadores(as) familiares, sendo a parcela de mulheres de 96%; 437.637 (426.289 mulheres e 11.348 homens) babás, cuidadores(as) de crianças e famílias de acolhimento*[36]. A metade dos(as) cuidadores(as) domiciliares tem 50 anos ou mais, e a maioria (70,3%) tem remuneração abaixo de 1.250 euros por mês. Eles e elas trabalham, em sua maioria (58%), menos de 30 horas por semana, e suas jornadas de trabalho são de meio período. Acrescente-se que 23,5% não têm diploma e 41,5% têm formação escassa (CAP, BEP)**.

Apesar do grande número de mulheres imigradas que trabalham nesse setor, principalmente em Paris e na Île-de-France, em razão de uma política migratória que acolhe mulheres para os serviços prestados à pessoa, os dados numéricos da Drees mostram que 93% das mulheres que trabalham no ramo nasceram na França ou têm nacionalidade francesa. A mão de obra imigrante concentra-se na região da Île-de-France, e os(as) descendentes de imigrantes de segunda geração possivelmente constituem uma parcela desses 95,3%. Também não se pode subestimar o número de assalariados(as) empregados(as) diretamente e em trabalho clandestino – sem documentos – ou informal. Segundo os dados da pesquisa Emploi de 2017, há 91,4% que se declaram de nacionalidade francesa, mas pelo menos 2 em cada 10 cuidadores(as) domiciliares têm pai ou mãe de outra nacionalidade (concentradas na "Europa do Sul", no "Magrebe" e no "resto da África").

No Brasil, segundo a Pesquisa Nacional por Amostra de Domicílios (Pnad)[37], do Instituto Brasileiro de Geografia e Estatística (IBGE), em 2007 contavam-se 894.417 cuidadores(as) e 36.348 enfermeiros(as) e auxiliares de enfermagem. Esses

---

[35] Agradeço a Monique Meron por me ter fornecido esses dados em média anual para 3 anos (2009--2011) da pesquisa Emploi do Insee.

* Em francês, *familles d'accueil*. São famílias que acolhem crianças que ficaram sem pais ou que estão em instituições públicas. (N. T.)

[36] Agradeço a Barbara Castro por me ter fornecido esses dados da pesquisa Emploi do Insee de 2017.

** Respectivamente *Certificat d'aptitude professionelle* e *Le Brevet*, exames nacionais realizados ao final do equivalente ao nosso ensino médio (*lycée*). (N. T.)

[37] A Pnad é realizada por uma amostragem dos domicílios. A pesquisa nacional nos domicílios é feita pelo IBGE e permite colher, anualmente (exceto nos anos de recenseamento nacional), informações sobre as características demográficas e socioeconômicas da população, como sexo, idade, escolaridade, trabalho, renda e características dos domicílios. Com periodicidade variável, também são obtidas por essa pesquisa informações sobre migração, fecundidade, relações conjugais etc.

66   *O cuidado: teorias e práticas*

últimos números não são comparáveis, pois a categoria cuidadores não distingue os(as) profissionais do cuidado que se ocupam de pessoas idosas e de crianças. Além disso, são amplamente subestimados(as), dada a importância, no Brasil, do trabalho informal e não registrado. Os dados do recenseamento populacional do IBGE de 2010[38] contabilizam 741.745 cuidadores(as) de crianças, 174.979 cuidadores(as) domiciliares e 307.047 auxiliares de vida em instituições, totalizando 1.223.771, um quarto dos(as) empregados(as) domésticos(as), que são 4.949.965 de acordo com o recenseamento de 2010[39].

O mesmo recenseamento de 2010 permite a análise de dados sobre os(as) cuidadores(as): 94% dos(as) cuidadores(as) domiciliares e dos(as) empregados(as) domésticos(as) são mulheres, e dois terços dessas mulheres são negras ou mestiças, sendo as cuidadoras brancas mais suscetíveis de trabalhar em instituições. São também pouco escolarizadas, visto que a metade das cuidadoras em domicílio tem menos de oito anos de escola.

Dados mais recentes, para o primeiro trimestre de 2018[40], fornecem os seguintes números absolutos sobre os(as) cuidadores(as), segundo a Pnad: 1.609.816 cuidadores(as) (cuidadores(as) de idosos(as) em instituições, em domicílio, babás, acompanhantes, cuidadores(as) dos serviços de saúde), ou seja, um aumento importante comparando-se com os números de 2007 e de 2010; 1.343.133 enfermeiros(as) e auxiliares de enfermagem, e 4.807.187 trabalhadores(as) domésticos(as).

Cabe observar que, no Brasil, entre as mulheres ocupadas (cujo total é de 35.895.465), a porcentagem de cuidadoras no sentido estrito é, segundo o recenseamento de 2010[41], de 3,56%, ao passo que, se forem acrescentadas as empregadas domésticas e as faxineiras, essa porcentagem sobe para 13,79% das mulheres economicamente ativas[42].

Quanto ao Japão, de acordo com o Ministério da Saúde, do Trabalho e do Bem-estar, em 2015 havia um total de 1.831.000 cuidadores(as) (*care workers*), dos(as)

---

[38] O último recenseamento brasileiro é de 2010, o próximo, inicialmente previsto para 2020, foi adiado em razão da pandemia.

[39] Nadya Araujo Guimarães, Helena Hirata e Anne Posthuma, "Cuidado: suas formas, suas relações e seus atores. Refletindo a partir do caso do Brasil", Taller inaugural de la Red Latinoamericana de Investigación, Universidade de São Paulo, 15 out. 2018, p. 3. Cf., em espanhol, Nadya Araujo Guimarães e Helena Hirata (orgs.), *El cuidado en América Latina: mirando los casos de Argentina, Brasil, Chile, Colombia y Uruguay* (Buenos Aires, Medifé, 2020).

[40] Agradeço a Nadya Araujo Guimarães por me ter indicado esses dados da Pnad.

[41] Esses(as) cuidadores(as) incluem as babás, os(as) cuidadores(as) das instituições (equivalentes a auxiliares de vida e auxiliares médico-psicológicos(as)) e os(as) cuidadores(as) domiciliares, mas os(as) enfermeiros(as) e auxiliares de enfermagem não estão contabilizados(as).

[42] Agradeço a Barbara Castro por me ter indicado esses dados referentes à porcentagem de cuidadoras entre as mulheres economicamente ativas no Brasil.

quais 30% são cuidadores(as) domiciliares (*home helpers*[43], que eram 359.226 em 2008), 20% trabalham em estabelecimentos comunitários e 50% em instituições especializadas em cuidado[44]. Em 2000, o número de *care workers* era de 549.000; houve, portanto, no Japão, um aumento importante da quantidade de trabalhadores(as) do cuidado remunerados(as), cujo número mais que triplicou em quinze anos.

No Japão, muito mais que os(as) imigrantes, são as mulheres autóctones adultas que fornecem a mão de obra do cuidado domiciliar das pessoas idosas. Segundo pesquisa do Instituto Japonês de Políticas de Trabalho e Formação (The Japan Institute for Labour Policy and Training), em 2002, de 11.239 auxiliares de vida nos 854 estabelecimentos fornecedores de cuidadores(as) domiciliares, 96% eram mulheres, das quais 70% tinham entre 40 e 69 anos. Entretanto, a partir da instituição do Seguro de Cuidados de Longo Prazo (*Long-Term Care Insurance*, LTCI), em 2000, a proporção de mulheres mais jovens vem aumentando, de acordo com esse mesmo instituto em 2003. Essa pesquisa mostra que a proporção de assalariados(as) regulares tende a recuar, ao passo que aumenta a parcela de trabalhadores(as) em tempo parcial com horários variáveis. De acordo com a pesquisa realizada pela Care Work Foundation (Kaigo Rodo Antei Center) em 2008 em 17.350 estabelecimentos de serviço do LTCI (5.929 respostas) e 51.426 trabalhadores(as) (18.035 respostas), a idade média dos(as) *home helpers* era de 50,9 anos, sendo que 93% dos(as) *home helpers* que enviaram suas respostas eram mulheres[45]. Para compreender a situação e o perfil dos(as) profissionais do cuidado no Japão, devemos levar em conta a divisão sexual do trabalho particularmente tradicional nesse país, que atribui às mulheres da família cuidar das crianças e das pessoas idosas da casa. Na sociedade japonesa, o cuidado é essencialmente restrito à esfera doméstica.

Observe-se por fim que há no Japão políticas de estímulo, em especial com respeito ao imposto sobre a renda dos casais, à inatividade das esposas e a seu trabalho em tempo parcial. Finalmente, e sem dúvida mais importante ainda, as relações – na família, no casal, na sociedade – e as normas sociais continuam negando qualquer legitimidade ao *status* de trabalhadoras em período integral e às possibilidades de

---

[43] Os(as) *home helpers* correspondem aos(às) cuidadores(as) domiciliares na França. Trata-se de empregados(as) nas casas ou recrutados(as) pelas instituições com o mais baixo nível de formação entre aqueles e aquelas que trabalham na área do cuidado no Japão.

[44] Ruri Ito, "Gender (In)equality in Japan: Redefining Work and Citizenship from the Standpoint of Care", comunicação no *workshop* internacional "Trabalho, cuidado e políticas públicas: um olhar sobre a América Latina", Universidade de São Paulo, 15-17 out. 2018.

[45] Sobre essas duas pesquisas japonesas, cf. Helena Hirata, Nadya Araujo Guimarães e Kurumi Sugita, "Cuidado e cuidadoras: o trabalho do cuidado no Brasil, França e Japão", em Helena Hirata e Nadya Araujo Guimarães (orgs.), *Cuidado e cuidadoras: as várias faces do trabalho do care* (São Paulo, Atlas, 2012), p. 79-102.

carreira para as mulheres que têm a condição de mãe. Pode-se dizer que o Japão é um caso paradigmático dos limites à conciliação de papéis do ponto de vista das normas e, também, das práticas sociais. A escassez de alternativas, tanto sob uma perspectiva de políticas públicas como sob uma perspectiva de movimentos sociais, é certamente um dos fatores-chave que explicam essa especificidade nacional.

O perfil dos(as) cuidadores(as): Paris, São Paulo, Tóquio

Nesta pesquisa, foram estudadas diferentes formas de cuidar de idosos(as), particularmente duas: as que ocorrem em instituições de acolhimento de pessoas idosas e a prática do cuidado domiciliar. Realizei 360 entrevistas nessas três metrópoles (apenas um dos estabelecimentos pesquisados no Japão estava situado a 150 quilômetros de Tóquio): 265 com *care workers* que trabalhavam em instituições de acolhimento de pessoas idosas e 95 com cuidadores(as) domiciliares[46]. As entrevistas foram realizadas com cuidadores(as) (auxiliares de vida), com auxiliares médico-psicológicos(as) (AMPs), auxiliares de enfermagem e enfermeiros(as) ou seus equivalentes nos três países; também fiz entrevistas para entender o ponto de vista da direção com diferentes responsáveis das instituições e profissionais especializados(as).

Com respeito às principais características das cuidadoras, devemos observar em primeiro lugar que, em Tóquio e em Gunma, são mulheres mais jovens que se lançam no trabalho do cuidado em início de carreira depois de frequentar o ensino médio e um curso básico (*helper 2 kyu*), depois técnico (*kaigo fukushishi*, nível 9*)[47], e que terão a experiência do que é o trabalho generizado. Em São Paulo, em contrapartida, foram as mulheres mais velhas que conheceram toda uma série de empregos informais e consideram que, tendo acumulado experiência no trabalho do cuidado, será esse seu trabalho no futuro. Enfim, em Paris, são as cuidadoras domiciliares, auxiliares de vida e AMPs que, mais experientes que as *care workers* japonesas, se lançam muito nessa profissão, da qual em geral falam de maneira positiva. Em relação a seus homólogos masculinos, seu nível de educação formal é mais fraco e a competência técnica é distribuída de modo desigual entre mulheres

---

[46] Para a realização dessas entrevistas, tive ajuda de Myrian Matsuo, pós-doutoranda e pesquisadora da Fundacentro (Ministério do Trabalho) no Brasil e de Efthymia Makridou, na época (2010-2011) doutoranda na Universidade de Paris 8/Cresppa-GTM, na França. No Japão, realizei sozinha todas as entrevistas (em número de 100), mas, para meus contatos, meu trabalho de campo e minhas leituras, tive ajuda de uma aluna de mestrado da universidade Hitotsubashi, Ayaka Kashiwazaki.

* Cf. nota 51, mais à frente. (N. T.)

[47] Cf. quadro sobre a formação profissional dos(as) cuidadores(as) no Brasil, na França e no Japão, anexo II.

Globalização, trabalhadores(as) do cuidado e migrações   69

e homens. Trata-se, nas três metrópoles, de mulheres pertencentes às classes sociais desfavorecidas e, no caso de São Paulo e de Paris, de mulheres negras e racializadas. Isso permite pensar a interseccionalidade ou a consubstancialidade[48] das relações sociais de poder, particularmente operacionais no que se refere ao trabalho do cuidado. É um dos interesses principais da escolha de Paris e da Île-de-France, assim como de São Paulo, uma vez que mulheres racializadas nessas duas áreas metropolitanas podem ser comparadas.

Como já mencionei, essas mulheres são imigrantes externas, no que diz respeito às cuidadoras na Île-de-France, e imigrantes internas, no que diz respeito às trabalhadoras do cuidado em São Paulo. No caso do Japão, foram assinados acordos de cooperação econômica com as Filipinas (em 2006) e a Indonésia (em 2007) para favorecer a entrada de migrantes do setor do cuidado[49], mas essa migração não se desenvolveu, dados os obstáculos da legislação japonesa[50] e da língua, principalmente escrita.

No decorrer das entrevistas em São Paulo, interessei-me especialmente pela religião dos(as) entrevistados(as), por causa da importância cada vez maior adquirida pelos evangélicos[51] em detrimento dos católicos nas camadas populares no Brasil, principalmente entre os(as) empregados(as) domésticos(as) e cuidadores(as) domiciliares. Entrevistados(as), os homens e as mulheres trabalhadores(as) do cuidado no Japão se dizem sem religião, uma vez que não consideram que o budismo seja religião. Nenhum(a) entrevistado(a) mencionou o xintoísmo. No Brasil, encontrei uma porcentagem importante de evangélicos(as), católicos(as), alguns(mas) adeptos(as) do espiritismo e alguns(mas) protestantes; na França, uma alta porcentagem de imigrantes muçulmanos(as) no trabalho do cuidado na Île-de-France provenientes

---

[48] Há uma controvérsia sobre a utilização de um ou outro desses conceitos para se referir à interdependência das relações sociais de gênero, de classe e de raça como relações de poder. Para a apresentação da controvérsia, cf. Helena Hirata, "*Care* et intersectionnalité, un enjeu politique", em Margaret Maruani (org.), *Je travaille, donc je suis: perspectives féministes* (Paris, La Découverte, 2018) [ed. bras.: *Trabalho, logo existo: perspectivas feministas*, trad. Viviane Ribeiro, Rio de Janeiro, FGV Editora, 2019].

[49] Ruri Ito, *Immigration, Elderly Care and Gender in Japan*, colóquio internacional "Le genre au coeur de la mondialisation", Paris, Ministère de la Recherche, 21-22-23 mar. 2007. Publicado em francês em Jules Falquet et al. (orgs.), *Le Sexe de la mondialisation* (Paris, Presses des Sciences Po, 2010).

[50] Os acordos de cooperação internacionais são regidos por uma legislação muito rígida, impondo o número de cuidadores(as) que podem voltar ao Japão, a inscrição obrigatória em um concurso nacional, o domínio da língua japonesa escrita e oral, entre outros fatores.

[51] Em 2015, o movimento evangélico representava 22% da população, quando, no final dos anos 1960, 93% da população brasileira era católica. Cf. Marion Aubrée, "Brésil, la dynamique évangélique", *Cahiers du CIERL*, Universidade Livre de Bruxelas, 9 jun. 2015.

70   *O cuidado: teorias e práticas*

da África do Norte e da África negra, católicos(as), "cristãos(ãs)" e alguns(mas) protestantes, entre os(as) quais os(as) provenientes das Antilhas.

Sem visar deliberadamente à exaustão, eis alguns números que permitem captar com mais detalhes as características dos(as) cuidadores(as) pesquisados(as) nas instituições de acolhimento de idosos(as) no Brasil, na França e no Japão.

No que se refere à distribuição por sexo, entre os(as) 265 cuidadores(as) interrogados(as) em estabelecimentos de acolhimento de idosos(as) dependentes nos três países, 215 são mulheres (81%) e 50 são homens (19%). No Brasil, foram entrevistados(as) 82 mulheres e 4 homens; na França, 82 mulheres e 13 homens; no Japão, 51 mulheres e 33 homens. Mais de 95% dos(as) cuidadores(as) no Brasil eram mulheres; na França essa porcentagem se aproximava dos 90%.

Quanto à distribuição por idade, mais da metade dos(as) cuidadores(as) de nosso *corpus* no Brasil e no Japão têm entre 29 e 49 anos, mas no Japão os(as) *care workers* pesquisados(as) são mais jovens: quase 50% têm entre 18 e 35 anos. Os(as) cuidadores(as) franceses(as) são os mais velhos: 70% têm entre 36 e 50 anos.

Do ponto de vista da formação escolar e dos diplomas, entre as 215 mulheres entrevistadas nos três países, a porcentagem das que se situam no nível 9[52] (curso técnico completo) é de 65% no Japão, de 62% na França e de 50% no Brasil. As outras situam-se essencialmente no nível 6 (superior completo): 23% no Japão, 21% na França, 8% no Brasil. No Japão, as restantes têm o ensino médio completo ou incompleto. Na França, as restantes se dividem entre o nível fundamental completo ou incompleto, o ensino médio completo ou incompleto e o nível técnico ou superior incompleto. Finalmente, no Brasil, elas também se dispersam entre os outros níveis, por exemplo 1% é de analfabetas e 1% tem título de pós-graduação. Entre os cinquenta homens entrevistados, no Brasil todos tinham curso técnico completo, ao passo que na França é o caso de 54% e, no Japão, de 49%; neste último país, os restantes (51%) têm formação universitária completa. Na França, 38% têm diploma universitário, 8% têm curso superior incompleto e 7% têm pós-graduação.

Para explicar essa diferença muito grande de formação entre as mulheres e os homens cuidadores(as) entrevistados(as), é preciso antes lembrar que, entre os(as) cuidadores(as) pesquisados(as), só há 4 homens no Brasil, 13 na França e, mais significativamente, 33 no Japão. Nos três países, os homens são estimulados a ter uma formação maior, e as mulheres, sobretudo no Japão, não são consideradas

---

[52]   Os níveis aqui apresentados correspondem à seguinte escolaridade: nível 1: analfabeto(a); nível 2: fundamental completo; nível 3: fundamental incompleto; nível 4: ensino médio completo; nível 5: ensino médio incompleto; nível 6: superior completo (3 ciclos); nível 7: superior incompleto; nível 8: master (pós-graduação); nível 9: curso técnico completo; nível 10: curso técnico incompleto.

candidatas a uma formação universitária prestigiosa (tecnológica ou científica). Os homens japoneses entrevistados obtiveram diplomas universitários fora do setor do cuidado e mudaram de profissão depois de uma demissão em razão da crise financeira mundial de 2008. As mulheres tinham, em sua maioria, diplomas nível 9 de cuidadoras. O nível de formação e os diplomas menos importantes das mulheres também podem ser explicados pelas exigências menores na ocasião do recrutamento, em que se privilegia, principalmente no caso do Brasil, a experiência adquirida na atividade de cuidado com os(as) idosos(as).

Do ponto de vista da situação familiar, entre as 82 cuidadoras entrevistadas no Brasil, 45 são casadas, e todas, exceto 2, têm filhos; 12 são divorciadas ou separadas, e todas elas, exceto 2, têm filhos; 22 são solteiras, 1 tem 1 filho; 1 vive com o companheiro e não tem filhos; e 2 são viúvas, sendo que 1 tem filhos. Quanto aos 4 homens cuidadores brasileiros, 2 são separados, 1 é solteiro e 1 é casado. Na França, entre as 82 cuidadoras entrevistadas, 39 são casadas, e todas, exceto 4, têm filhos; 2 vivem em união estável e têm filhos; 12 vivem com os companheiros, e apenas 3 delas têm filhos; 10 são solteiras, 4 delas sem filhos; 16 são divorciadas ou separadas, e apenas 2 têm filhos; 3 são viúvas e têm filhos. E, dos 13 cuidadores homens, quase a metade é solteira e um terço deles são casados e têm filhos. No Japão, a proporção entre mulheres casadas e solteiras se inverte, em parte porque elas são mais jovens e estão saindo da escolaridade obrigatória, mas também porque mulheres mais velhas e solteiras trabalham no cuidado: entre as 33 cuidadoras entrevistadas no Japão, 27 são solteiras e apenas 1 delas tem 1 filho; 16 são casadas e 3 não têm filhos; 5 são divorciadas, das quais 2 têm filhos; 2 são viúvas e têm filhos; e 1 vive com o companheiro. Entre os 33 cuidadores homens dos estabelecimentos de acolhimentos de idosos(as) japoneses, 17 são casados e 6 deles não têm filhos; 16 são solteiros e 1 vive com a companheira.

Quanto às nacionalidades e às trajetórias migratórias, na Île-de-France, entre os(as) cuidadores(as) domiciliares entrevistados(as), quase todas as mulheres, 34 dos(as) 39 são migrantes e 2 são filhas de imigrados(as); desses(as) 39, só 3 são de nacionalidade francesa: uma auxiliar de enfermagem, uma enfermeira e um cuidador domiciliar do sexo masculino. São empregados(as) como prestatários(as) por uma associação em Paris que faz a intermediação entre famílias de idosos(as) e cuidadores(as) domiciliares assalariados(as). O mesmo fenômeno foi constatado em instituições: entre os(as) 32 cuidadores(as) entrevistados(as), que eram 29 mulheres e 3 homens, 28 são migrantes (23 migrantes, 5 filhos(as) de imigrantes); 4 de 32 (13%) são de origem francesa. Esses(as) cuidadores(as) domiciliares, entrevistados(as) em Paris, têm trajetórias profissionais e pessoais intensamente marcadas pelos movimentos migratórios e muitas vezes provenientes das antigas colônias francesas.

72 *O cuidado: teorias e práticas*

Os(as) cuidadores(as) domiciliares migrantes na França são de origens nacionais diversas: 11 vêm da Argélia, 1 do Marrocos, 9 da África subsaariana (Togo, Senegal, Mali, Camarões), 6 das Antilhas (Martinica, Guadalupe), 1 de Reunião[53], 4 do Haiti, 1 do Líbano e 1 de Portugal.

A origem geográfica dos(as) 94 cuidadores(as) entrevistados(as) nos 3 estabelecimentos de acolhimento de idosos(as) dependentes na França é muito variada: 30 nasceram na França; 15 vinham do Magrebe (7 do Marrocos, 7 da Argélia, 1 da Tunísia); 15 vinham das Antilhas (12 de Guadalupe, 2 da Martinica, 1 disse "das Antilhas"); 4 do Haiti; 20 vinham da África subsaariana (6 do Zaire/Congo, 2 da Costa do Marfim, 3 de Comores, 2 das ilhas Maurício, 2 da Guiné, 1 do Gabão, 1 do Benim, 1 de Mali, 1 da Mauritânia, 1 do Senegal); os(as) outros(as) vinham do Líbano (1), da Polônia (1), da Bélgica (1), de Mayotte (1) e de Reunião (2).

No Japão, nenhum dos quatro estabelecimentos prestatários de cuidadores(as) domiciliares (*zaitaku homon kaigo*) tinham trabalhadores(as) imigrados(as) entre seus(suas) assalariados(as). Nos estabelecimentos de acolhimento de idosos(as) (*shisetsu*), no primeiro tinham trabalhado duas *care workers* de origem chinesa, mas elas se demitiram; o segundo também tinha duas trabalhadoras chinesas, sendo que uma estava em vias de se demitir; e o terceiro nunca tinha empregado assalariados(as) migrantes. Mencionei anteriormente as barreiras no Japão ao ingresso de migrantes para o trabalho do cuidado.

Finalmente, no Brasil não encontrei nenhum(a) trabalhador(a) imigrante, nem nas instituições nem entre os(as) assalariados(as) domiciliares, com exceção de uma boliviana (entre 130 pessoas pesquisadas) de *status* e perfil muito atípicos. Em contrapartida, a migração interna é muito importante: apenas 14% de nosso *corpus* de cuidadores(as) domiciliares era constituído por trabalhadoras originárias do estado de São Paulo, onde exerciam sua atividade. Nas instituições de longa permanência para idosos (Ilpi) de São Paulo, mais da metade das cuidadoras interrogadas (44 de 81) nasceu fora do estado de São Paulo. Trata-se, portanto, principalmente de migração interna. A origem da migração interna situa-se sobretudo no Nordeste, região mais pobre do Brasil: 26 cuidadoras nas Ilpi pesquisadas em São Paulo vêm dessa região.

Discriminações e racismo

Infelizmente não é de surpreender que minha pesquisa tenha encontrado a questão das discriminações, uma vez que se trata de profissões não qualificadas e de prestação de serviços, e levando em conta o perfil e os universos profissionais dos(as)

---

[53] Martinica, Guadalupe, Mayotte e Reunião fazem parte da França, como departamentos e regiões de além-mar (*départements et régions d'outre-mer*, Drom).

cuidadores(as) que acabo de apresentar. Entretanto, essas discriminações assumem formas diversas de acordo com o país. Na França (Paris e Île-de-France) e no Brasil (São Paulo), trata-se de racialização com base na cor da pele, utilizada para estigmatizar e inferiorizar os trabalhadores e as trabalhadoras negros(as) e mestiços(as). Martinica, Guadalupe e Reunião fazem parte da França, como departamentos e regiões de além-mar (Drom), mas, apesar de esses(as) trabalhadores(as) terem a nacionalidade francesa, na medida em que exercem profissões socialmente pouco valorizadas e considerando-se as relações sociais de raça na sociedade francesa, são considerados(as) migrantes e são racializados(as), discriminados(as) pela cor da pele, pelo sotaque e pelo fato de virem de um território localizado fora da França denominada "continental". Os(as) cuidadores(as) de Paris e da Île-de-France entrevistados(as) relataram fatos decorrentes de racismo e xenofobia, na maioria das vezes por parte de pessoas idosas. Porém, práticas discriminatórias, decorrentes de um racismo sistêmico, também eram visíveis. Um exemplo é o recrutamento de médicos provenientes de países estrangeiros como enfermeiros ou como auxiliares de enfermagem (cf. adiante, capítulo 4). No Brasil, embora eu não tenha observado atitudes xenofóbicas, uma vez que a migração era essencialmente interna, há em contrapartida uma questão "regional": as mulheres oriundas do Nordeste do Brasil que são negras ou mestiças e pobres veem-se apanhadas em relações de opressão associadas ao sexo, à raça e à classe social. Vejamos alguns depoimentos a esse respeito em cada uma das três metrópoles, em que o sofrimento no trabalho resulta ao mesmo tempo das políticas de gestão (e da falta de pessoal efetivo), das discriminações e do racismo.

Em Paris, Antoine[54], cuidador negro de 45 anos, de origem estrangeira, expressa seu sofrimento e sua revolta contra o racismo de idosos(as) hóspedes de uma instituição pública francesa que o interpelam: "O que está fazendo no meu país? Quando vai embora?". Ele também menciona os comentários de um homem branco que se dirige a um cuidador negro, nascido na França: "Volte para sua terra"; ou ainda o caso de uma idosa branca que se dirige a uma estagiária branca dizendo: "Não faça esse trabalho, deixe-o para 'outras'"; ele acrescenta que essa mesma interna escondia uma caixa de chocolates para oferecê-los apenas aos(às) brancos(as) que cuidavam dela.

Esse sofrimento está relacionado àquele causado pelas políticas de gestão do tipo *lean production*[55], que supõem grande redução dos efetivos e, portanto, falta

---

[54] Todos os nomes nesta obra são fictícios, para preservar o anonimato das pessoas entrevistadas.

[55] Produção "enxuta", sem estoques e com um mínimo de pessoal, que tem como consequência a intensificação do trabalho. Trata-se de uma expressão forjada para analisar a indústria que adota o "modelo japonês" de produção e de gestão.

74 *O cuidado: teorias e práticas*

de pessoal para executar todo o trabalho. Aliás, os profissionais de ambos os sexos, nas instituições que foram objeto de pesquisa nos três países, muitas vezes
relacionaram o número de idosos(as) ao de cuidadores(as). Contudo, é preciso
que se saiba que são principalmente as trabalhadoras polivalentes, mulheres, negras e de classes populares as encarregadas dos(as) pacientes com Alzheimer. Elas
também têm a tarefa de se ocupar dos(as) idosos(as), de preparar as refeições, os
lanches, de realizar a limpeza, a lavagem de roupa etc. Quase todas as instituições
estabeleceram uma divisão dessas tarefas, terceirizando o preparo das refeições, a
limpeza, a lavagem de roupa etc. As condições difíceis provocadas pela intensificação do trabalho, particularmente, portanto, para as mulheres racializadas, são
fonte de sofrimento, embora essas trabalhadoras tentem executar bem suas tarefas
em cooperação com os(as) colegas.

Os(as) migrantes que vêm dos países da África do Norte ou da África subsaariana com diploma de medicina ou de enfermagem não reconhecido na França
são sistematicamente recrutados(as) nos estabelecimentos de acolhimento de
idosos(as) dependentes como auxiliares de enfermagem, AMPs ou cuidadores(as)
noturnos(as), profissões que não requerem mais que um ano de formação. A presença de profissionais altamente qualificados(as) à noite, por exemplo, quando a
direção e os médicos estão ausentes, é uma vantagem incontestável para o estabelecimento. Na minha pesquisa, encontrei seis médicos(as), 50% recrutados(as)
como enfermeiros(as) e 50% como auxiliares de enfermagem. Por exemplo,
M., cuidador noturno, recrutado como auxiliar de enfermagem em um estabelecimento de acolhimento de idosos(as) dependentes, tem 33 anos e veio da Guiné
em 2004. A formação de médico em seu país de origem levou-o a fazer estágios
no Instituto Nacional de Saúde e Pesquisa Médica (Institut national de la santé
et de la recherche médicale, Inserm), um mestrado em saúde pública em Paris e
também uma especialização em medicina tropical. Seu salário mensal é de 1.500
euros líquidos, às vezes um pouco mais, quando faz horas extras. Segundo ele, há
idosos(as) que recusam seus cuidados porque é negro, dizendo: "Deixe-me em
paz!". Ele conseguiu seu emprego pela Agência Nacional de Emprego (Agence
nationale pour l'emploi, Anpe), e seu projeto é voltar a seu país para lá exercer sua
profissão de médico. Os(as) cuidadores(as) domiciliares interrogados(as) relatam
outro tipo de prática racista: acusações graves, como queixa de roubo de grandes
quantias de dinheiro por parte de uma idosa, segundo conta uma cuidadora
domiciliar entrevistada em 2011.

Em Tóquio, a coexistência, em uma mesma instituição, de trabalhadores(as) em
condição regular e não regularizados(as) (*haken, rinji,* trabalhadores(as) em tempo
parcial) leva a práticas discriminatórias para com estes(as) últimos(as), notadamente

em termos de salário e benefícios. Assim, no Japão a discriminação se baseia nas diferenças de *status*, especialmente do pessoal precário e sem os direitos dos(as) trabalhadores(as) regulares, legalizados(as). Tive a oportunidade de entrevistar trabalhadores(as) não regulares[56] que tinham um salário muito baixo comparado ao de seus homólogos de condição regular, sobretudo porque não gozavam – a não ser de maneira simbólica – de bônus, parte variável do salário, mas muito importante nas empresas japonesas (o equivalente a quatro ou cinco vezes o salário mensal, duas vezes por ano, em julho e em dezembro). Essa situação desestimulava esses(as) assalariados(as), principalmente os do sexo masculino, que não tinham motivação para continuar trabalhando nessas condições na empresa.

Por exemplo, Fumio, um *helper* de 28 anos que trabalha em um estabelecimento de acolhimento de idosos(as), tem diploma universitário de economia e também seis meses de formação na profissão de cuidador. No entanto, ele é *ringi*, trabalhador de condição não regular, sem os direitos dos trabalhadores regulares, com um salário mensal de 120 mil ienes, menos que os salários femininos, tradicionalmente mais baixos que os dos homens nas empresas japonesas. Em nossa conversa, ele menciona sua condição, a falta de pessoal, a intensificação do trabalho e os problemas de relações humanas no estabelecimento, manifestando a intenção de procurar emprego em outro lugar. Assim, a condição de emprego no Japão como trabalhador(a) precário(a) leva a um tratamento sistematicamente discriminatório nos estabelecimentos de acolhimento de idosos(as) dependentes.

Em São Paulo, a maioria dos(as) cuidadores(as) entrevistados(as), tanto nos estabelecimentos para idosos(as) dependentes como entre os(as) cuidadores(as) domiciliares, era formada por negros(as) e mencionou situações de racismo expresso por violências verbais e comportamentos ameaçadores. "Às vezes, ele me humilhava um pouco [...] às vezes gritava, dizia que eu era atrevida, uma baiana idiota", conta Deise (43 anos). A violência verbal em alguns casos também anuncia a violência física, como quando Joana (64 anos) foi ameaçada por um dos idosos, branco de classe média: "Vou te dar um chute na cara".

A essas formas de violência racista acrescentam-se situações de discriminação salarial por não reconhecimento das qualificações. O número de enfermeiros(as) e de auxiliares de enfermagem que são recrutados(as) e remunerados(as) como cuidadores(as) é muito significativo no Brasil. A qualificação desses(as) profissionais

---

[56] Os(as) trabalhadores(as) não regulares no Japão são os(as) que não foram recrutados(as) para um emprego estável, mas que são temporários(as), interinos(as) ou têm condição equivalente aos(às) de contrato por tempo determinado (*contrat a durée déterminée*, CDD) na França. Trata-se de uma categoria de trabalhadores(as) que não se beneficia de bônus, gratificações regulares importantes, tampouco da possibilidade de promoções e de fazer carreira na empresa.

não é reconhecida. É possível encontrar situações similares na França e no Japão. Trata-se de uma prática de gestão para reduzir os custos salariais. Os estabelecimentos de acolhimento de idosos(as) tentam conseguir assalariados(as) competentes e bem-formados(as) para o trabalho de cuidador(a). Como a formação para esse trabalho é muito precária no Brasil, os estabelecimentos preferem recrutar auxiliares de enfermagem de nível técnico para cuidar de idosos(as), oferecendo-lhes salário de cuidador(a).

Essas situações são observadas em outros trabalhos, mostrando que a divisão internacional do trabalho do cuidado, que implica migrações intranacionais e internacionais, como vimos, está relacionada a atitudes racistas e discriminatórias nas metrópoles em que os(as) profissionais chegam para trabalhar na área do cuidado. Assim, Saskia Sassen mostra que, na divisão neoliberal do trabalho, são as mulheres racializadas que se encontram nos circuitos inferiores de sobrevivência, ao passo que os homens estão nas esferas mais elevadas do capital global[57]. "O gênero, a classe, a raça e a cidadania são eixos centrais na organização social do cuidado", afirma por sua vez Evelyn Nakano Glenn[58]. O provimento de cuidado para os homens brancos de camadas abastadas, segundo essa autora, baseia-se na opressão das migrantes pobres não brancas e na divisão racial do trabalho assalariado[59]. As mulheres racializadas se encontram na parte inferior da escala da hierarquia profissional, e as mulheres brancas, em postos elevados de gestão[60]. A concentração de mulheres negras nas funções de auxiliares de vida e de auxiliares de enfermagem e sua reduzida representação nas funções de enfermeiras, observada por Evelyn Nakano Glenn no que diz respeito aos Estados Unidos, também está presente nos estabelecimentos de acolhimento de idosos(as) dependentes na Île-de-France e em São Paulo.

---

[57] Cf. Saskia Sassen, "Global Cities and Survival Circuits", em Barbara Ehrenreich e Arlie Russel Hochschild (orgs.), *Global Woman*, cit., p. 254-56.

[58] Evelyn Nakano Glenn, "Reimagining Care and Care Work", em Nadya Araujo Guimarães, Helena Hirata (orgs.), *Care and Care Workers: A Latin American Perspective* (Springer, Cham, 2021), p. 78.

[59] Idem, "De la servitude au travail de service: les continuités historiques de la division raciale du travail reproductif payé", em Elsa Dorlin (org.), *Sexe, race, classe: pour une épistémologie de la domination* (Paris, PUF, 2009).

[60] Ibidem, p. 24.

4

Trajetórias, atividades e relação subjetiva com o trabalho

Este quarto capítulo apresenta os resultados do trabalho de campo nos três países e a análise das entrevistas com os(as) cuidadores(as) franceses(as), japoneses(as) e brasileiros(as). Depois de expor as qualificações, os diplomas e os salários dos(as) cuidadores(as) nas três metrópoles, tentarei, com base nessas informações, responder às seguintes perguntas: "O que é o cuidado?"; "Em que consistem as atividades relacionadas ao cuidado?". Em seguida, dando continuidade às minhas pesquisas anteriores sobre os paradigmas de organização industrial, abordarei a questão da organização taylorista do trabalho e das formas alternativas de organização no trabalho do cuidado nas diversas instituições consideradas. As relações subjetivas no trabalho e entre subjetividade e trabalho são finalmente mobilizadas e interrogadas, como categorias analíticas, no fim do capítulo, que centrei nas relações entre subjetividade, trabalho e sexualidade no trabalho do cuidado.

Trajetórias e atividades

Começo aqui por evocar as formações e os diplomas dos(as) trabalhadores(as) do cuidado, diferentes nos três países, e também alguns elementos sobre suas remunerações, para depois poder apresentar suas trajetórias profissionais e pessoais, muito divergentes nos três países. A partir desses percursos, analiso o que eles e elas entendem por cuidado no contexto de suas atividades, para mostrar as diferenças entre as maneiras pelas quais definem o cuidado e o modo pelo qual apresentam suas atividades concretas de trabalho.

Profissões, qualificações, diplomas e salários

A formação para o trabalho do cuidado é muito diferente conforme os países, como pude observar por ocasião de minhas pesquisas de campo (cf. quadro do anexo II, que mostra as diferenças mais importantes entre as modalidades de formação profissional no Brasil, na França e no Japão).

O trabalho do cuidado no Brasil ainda não é regulamentado[1] como profissão (cuidador) pelo Estado, como é o caso do *homon kaigo*, do *kaigo fukushishi* no Japão, ou do auxiliar de vida social ou do auxiliar médico-psicológico (AMP) na França. Entretanto, a partir de 2000, a Classificação Brasileira de Ocupações (CBO) (equivalente à denominação *professions et catégories socioprofessionnelles*, PCS, na França) introduziu em sua lista a palavra "cuidador". O nível requerido de formação profissional para ser cuidador(a) é muito baixo no Brasil e não há diploma reconhecido pelo Estado, como o *diplôme d'État d'auxiliaire de vie sociale* (Deavs)[2], na França, ou o diploma de *kaigo fukushishi*, no Japão.

Os(as) *helpers* correspondem a cuidadores(as) domiciliares na França. Trata-se de empregados(as) nas casas ou recrutados(as) pelas instituições com o nível de formação mais baixo, no Japão, para quem trabalha no cuidado. A denominação completa é *helper 2 kyu*, *helper* de nível 2, e as instituições japonesas não querem empregar pessoas que tenham esse nível de formação, considerado fraco (um a quatro meses, ou seja, 130 horas), com um diploma não reconhecido pelo Estado. Eles e elas trabalham, então, como cuidadores(as) domiciliares.

O *kaigo fukushishi* requer uma formação de dois anos depois do equivalente ao ensino médio ou três anos de experiência profissional com exames finais. Essa formação fornece um diploma reconhecido pelo Estado, que possibilita o exercício da profissão de *care worker* tendo em vista obter uma promoção para *care manager*.

Entre os(as) cuidadores(as) entrevistados(as) no Japão, um número significativo tinha diploma universitário de serviço social (*Shakai Fukushi*) (ensino médio mais quatro anos de estudos), que permite acesso a um posto de *care manager*. É possível cursar quatro anos em uma escola profissional de serviço social (*Fukushi senmon gakko*) para trabalhar como "conselheiro(a)" (*sodan-in*). Também é possível fazer

---

[1] O projeto de lei que regulamenta a profissão de cuidador (auxiliar de vida social) foi aprovado pelo Senado brasileiro apenas em 21 de maio de 2019. Contudo, esse projeto, cuja primeira versão data de 2007, enfrentou o veto do presidente Bolsonaro no final de 2019.

[2] Em 2016, houve uma fusão desse diploma com dois outros – o *diplôme d'État d'aide médico-psycho-logique* (diploma de Estado de auxiliar médico-psicológico) e o *diplôme d'auxiliaire de vie scolaire* (diploma de auxiliar de vida escolar) –, sob o nome de *diplôme d'État d'accompagnant·e éducatif·ve et social·e* (diploma de Estado de acompanhante educativo(a) e social, Deaes).

um curso de dois anos depois do fim do ensino médio em um colégio técnico de serviço social (*Fukushi College*).

O nível de formação dos(as) cuidadores(as) na França raramente é universitário (cf. anexo II). Para ser auxiliar de vida social, AMP ou mesmo auxiliar de enfermagem, não há nenhuma necessidade de ter diplomas, nem mesmo do ensino médio. É esse o caso mais acentuado do Brasil, onde um curso de 25 horas dá acesso a um diploma, não reconhecido pelo Estado, para exercer o ofício de cuidador(a). Também há cursos mais longos (de cem horas) que são oferecidos por agências de recrutamento de cuidadores(as), e outros ainda mais completos (240 horas), como o da Fiocruz, no Rio de Janeiro, mas são muito seletivos e têm número de vagas muito limitado.

A diferença entre essas opções de formação remete às diferenças sociais mais gerais entre o Brasil, o Japão e a França. Em primeiro lugar, o peso da formação escolar é maior no Japão e na França que no Brasil, do mesmo modo que o tempo dedicado à formação profissional nos dois primeiros países conta mais que a experiência prática, que tem (ou tinha até muito recentemente) uma importância decisiva no recrutamento dos(as) cuidadores(as) no Brasil. Junte-se a isso o fato de que o envelhecimento da população é rápido, porém menos no caso do Brasil que na França ou no Japão, e de que as políticas de formação em cada país seguem de perto as necessidades crescentes de mão de obra especializada no cuidado de idosos(as).

Quanto aos salários nos três países, o cálculo no gráfico a seguir mostra que os(as) cuidadores(as) são mais bem pagos no Japão e mais mal pagos no Brasil, situando-se a França entre os dois.

GRÁFICO 2. DISTRIBUIÇÃO SALARIAL EM EUROS[3]

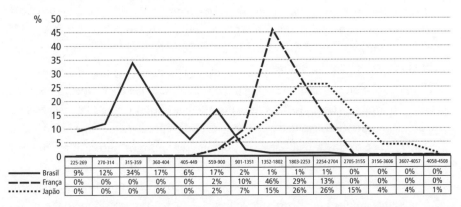

Fonte: Pesquisa Helena Hirata: estabelecimentos de acolhimento de idosos(as) dependentes e equivalentes nos três países.

---

[3] Agradeço a Danielle Senotier pela elaboração desse gráfico.

80   *O cuidado: teorias e práticas*

Esse gráfico permite comparar a distribuição salarial dos três países e mostra que os salários brasileiros (concentrados à esquerda) são os mais baixos, que os salários franceses se situam no meio, enquanto os salários japoneses estão no conjunto à direita do quadro, em que os valores são mais altos. É interessante comparar esses números com o montante do salário mínimo de cada país. O salário mínimo era, no momento da pesquisa, em 2011 (reais brasileiros e ienes japoneses estão, aqui e adiante, convertidos em euros): no Brasil, de 276 euros, na França de 1.117 euros, no Japão (Tóquio) de 1.209 euros.

A título de ilustração, indicamos alguns exemplos de salários:

- Biwa, enfermeira (*sei kangoshi*) em um estabelecimento japonês de acolhimento de idosos(as) dependentes, responsável (*sekininsha*) com *kossotsu* (ensino médio + 4), recebe 3.336 euros no Japão; ao passo que duas outras enfermeiras, Yassuko e Meiko, com condição precária, mas trabalhando praticamente o mesmo número de horas, recebem respectivamente 1.509 euros e 1.311 euros. Na França, Leila, enfermeira com diploma de médica no estrangeiro, recebe 2.098 euros. E no Brasil, Adriana, enfermeira diurna, recebe 892 euros, ao passo que Cecília, enfermeira noturna, recebe 1.168 euros.

- Uma *helper,* Fumiko, em um estabelecimento de acolhimento de idosos(as) dependentes japonês recebe 2.208 euros; uma auxiliar de vida em um estabelecimento de acolhimento de idosos(as) dependentes, Aminah, recebe na França 1.214 euros; Cleide, cuidadora em uma instituição de longa permanência para idosos (Ilpi) brasileira, recebe 299 euros (de dia), e Rosângela (trabalho noturno) recebe 388 euros.

- Uma cuidadora domiciliar, Miyoko (*helper* em *zaitaku*) recebe no Japão 1.710 euros, Tamiko 2.047 euros e Suzue (*teikyo sekininsha*) 2.177 euros; uma cuidadora domiciliar, Julie, pode receber na França 1.446 euros, Fátima, 1.325 euros, e Miriam, que trabalha à noite, das 20 às 8 horas, 1.546 euros; enfim, uma cuidadora domiciliar no Brasil pode receber de 368 a 644 euros.

Entretanto, o que torna difícil comparar os salários é a existência, apenas no Japão, do bônus, o "prêmio" recebido duas vezes por ano pelos(as) trabalhadores(as) regulares (*seishain*), em junho/julho e em dezembro, que pode representar quatro vezes o salário mensal. A respeito dos usos (gastar ou poupar) desse bônus, muitos depoimentos interessantes foram recolhidos nas entrevistas. Os(as) trabalhadores(as) japoneses se surpreenderam ao saber que não havia bônus na França nem no Brasil, mas às vezes vales-presentes ou um 13º salário, que representa apenas um salário mensal por ano.

Outra particularidade do trabalho do cuidado no Japão está associada à prática das horas extras. Trata-se de uma maneira de "prestar um favor" à empresa, e não há compensação monetária nem horas de descanso suplementares. Há diferenças bastante importantes entre os estabelecimentos japoneses de acolhimento de idosos(as). Alguns se mostram intransigentes no que se refere ao pagamento de horas extras (*zangyo teate*), mas sua não remuneração parece constituir uma prática muito enraizada no mundo do trabalho no Japão. Por ocasião de minha pesquisa sobre as filiais e as matrizes de empresas multinacionais japonesas e francesas nos anos 1980, eu havia constatado que a hierarquia, a partir dos(as) chefes de seção, fazia por volta de trinta horas extras não remuneradas por semana. Os(as) assalariados(as) da base que faziam uma ou duas horas extras não ousavam pedir pagamento por elas, uma vez que seus e suas chefes também as faziam sem nenhuma remuneração. Essa prática, portanto, persiste trinta anos depois. Como as horas extras precisam ser declaradas à direção do estabelecimento para que sejam remuneradas, os(as) *care workers,* quando permanecem depois do expediente normal de trabalho para redigir os relatórios diários ou terminar uma tarefa, não ousam declará-las para não "penalizar" a empresa.

Trajetórias profissionais e pessoais contrastadas

Apresento aqui o trabalho do cuidado com base nas trajetórias profissionais e pessoais dos(as) cuidadores(as) de minha pesquisa: migração e desqualificação em Paris e na Île-de-France; informalidade e empregos múltiplos para as trabalhadoras do cuidado, mesmo jovens, em São Paulo; carreiras femininas mais estáveis, desemprego e reconversão para os homens *carers* relativamente numerosos em Tóquio e em Gunma, a 150 quilômetros de Tóquio. Uma característica que atravessa essas trajetórias diferenciadas é a precarização ou a desqualificação, que marcam profundamente seus itinerários profissionais.

A precariedade no trabalho é ainda mais pronunciada entre os(as) cuidadores(as) domiciliares que entre os(as) cuidadores(as) que trabalham em instituições que têm contrato de trabalho. Os(as) cuidadores(as) domiciliares empregados(as) de forma direta muitas vezes nem têm documentos. Diferentemente dos(as) equivalentes brasileiros(as), que acumulam empregos informais, mas possuem documentos, uma parte dos(as) cuidadores(as) domiciliares na França têm situação jurídica de "sem documentos"[4], de modo que essas mulheres (porque em geral são do sexo feminino) têm condição precária e vulnerável. Em contrapartida, ter um contrato de

---

[4] Cf. Zita Cabais Obra, "Organisation syndicale des assistantes de vie des personnes âgées à domicile", em Actes du colloque international "Théories et pratiques du *care*: comparaisons internationales", Paris, 13-14 jun. 2013, p. 153-6. Zita Cabais Obra, secretária da Confederação Francesa Democrática do Trabalho (CFDT) dos(as) assalariados(as) empregados(as) por particulares de Île-de-France, refere-se à "importância da massa de trabalhadores não registrados" (p. 153) à

82   O cuidado: teorias e práticas

trabalho não significa necessariamente estar livre da precariedade, se for um contrato temporário. Além disso, as mulheres cuidadoras nas Ilpis brasileiras têm um salário que as obriga a buscar atividades complementares, seja como acompanhantes de idosos(as) nos hospitais[5], seja como cuidadoras domiciliares em casas particulares. Mesmo recrutadas por estabelecimentos de acolhimento de idosos(as) dependentes, elas continuam em situação precária, por causa dos salários muito baixos.

Resolvi apresentar três trajetórias de cuidadores(as) para cada um dos três países, a fim de mostrar a extrema diversidade de seus perfis, apesar de uma situação profissional similar no que se refere ao cargo ocupado, ao reconhecimento monetário etc. (cf. a apresentação dos(as) nove cuidadores(as) no anexo I).

Na França, em meu campo de trabalho em Paris e na Île-de-France, são as trajetórias migratórias que mais marcam o percurso dos(as) cuidadores(as) entrevistados(as). Algumas trajetórias de migrantes de nossa pesquisa já foram analisadas e publicadas, mostrando o vínculo entre migrações e desqualificação e apontando o paradoxo da desqualificação das trabalhadoras migrantes em um contexto de profissionalização do setor[6]. De fato, apesar das políticas para incrementar a profissionalização dos(as) cuidadores(as) de pessoas idosas, as trabalhadoras e os trabalhadores migrantes veem seus diplomas desconsiderados e a qualificação adquirida em seu país não reconhecida pelas instituições, que os(as) recrutam em um nível inferior ao dos diplomas que obtiveram antes de chegarem à França.

Sandra, auxiliar de enfermagem de 52 anos, trabalha à noite em um estabelecimento público de acolhimento de idosos(as) dependentes em Paris. Ela tem 28 anos de trabalho nessa instituição. "Afinal faz trinta anos que exerço essa profissão", diz em uma entrevista. Nasceu nas Antilhas (Guadalupe), de mãe vietnamita e

---

"ausência de contrato de trabalho" (p. 156) e declara que "também temos cada vez mais assalariados sem documentos que vêm nos procurar" (p. 153). Sobre os(as) cuidadores(as) domiciliares "sem documentos", cf. também Efthymia Makridou, *Le care dans tous ses éclats: des employés au service des personnes âgées: entre contraintes et petits arrangements* (tese de doutorado, Vincennes – Saint--Denis, Universidade Paris 8, 2014), p. 299-321.

[5] Ao contrário do que se observa na França, os hospitais pedem às famílias que contratem uma cuidadora para acompanhar os doentes, considerando que isso não faz parte das atribuições do hospital, situação semelhante à que se pode constatar em alguns países asiáticos. Essa exigência dos hospitais possibilita à cuidadora brasileira fazer um "bico" para completar seu baixo salário em um estabelecimento de acolhimento de idosos(as) dependentes.

[6] Para essa apresentação por Efthymia Makridou das trajetórias de três profissionais do cuidado franceses Sara, Zina e Diallo, cf. Helena Hirata, Efthymia Makridou e Myrian Matsuo, "Trajectoires professionnelles et rapports sociaux: le travail du *care* dans une perspective comparative", em Aurélie Damamme, Helena Hirata e Pascale Molinier (orgs.), *Le Travail, entre public, privé et intime: comparaisons et enjeux internationaux du care* (Paris, L'Harmattan, 2017) [ed. em espanhol: *El trabajo: entre lo público, lo privado y lo íntimo – Comparaciones y desafíos internacionales del cuidado*, trad. Miriam Wlosko (org.), Buenos Aires, Edunla, 2021]. Cf. também Efthymia Makridou, *Le* care *dans tous ses éclats*, cit.

pai antilhano, e chegou a Paris (onde tinha uma avó e uma tia) aos dezoito anos, com ensino médio. Tem sete irmãos e irmãs, três ficaram em Guadalupe, quatro moram em Paris. Em 1981, começou a trabalhar por um ano como agente hospitalar; em 1982-1983 foi para a escola de auxiliar de enfermagem por um ano, durante o qual fez um estágio no hospital Tenon. Em seguida, trabalhou também durante um ano em um estabelecimento de acolhimento de idosos(as) dependentes em Cachan, e "desde então sou auxiliar de enfermagem, até hoje". E acrescenta: "Desde que estou aqui, não saí mais" (isso faz, portanto, 28 anos). Casou-se em 1981 com um policial oito anos mais velho que ela, do qual se divorciou em 2004. Tem dois filhos, de 24 e 21 anos na ocasião da entrevista; o mais velho estava desempregado, e o segundo estava prestando concursos depois de fazer o *bac pro**. Em 2000, ela tirou uma licença de dez meses em razão de um acidente de trabalho[7], depois ficou oito anos sem poder trabalhar e só retornou em 2006. Trabalha à noite desde 2008: "Eles me solicitaram, eu aceitei, é uma escolha, sabe [...], me empenhei muito, gosto desse trabalho".

Julie, auxiliar de enfermagem noturna em um estabelecimento parisiense de acolhimento de idosos(as) dependentes, tem 57 anos e nasceu em Paris. Está há 25 anos nessa instituição. Casou-se aos 24 anos, divorciou-se aos trinta e não tem filhos. "Tive duas gravidezes antes de me casar, mas não tive filhos." Começou a trabalhar aos 17 anos e meio. "Trabalhei em uma casa [...] onde cuidava de duas crianças e fazia a limpeza [...] era ingrato [...] quis deixar aquela gente e depois entrei na fábrica. Eu estava muito mais feliz, mas na fábrica era muito duro, sabe, uma fábrica de confecção em série [...] depois fui para Paris". Fez uma sucessão de pequenos trabalhos antes de se tornar auxiliar de enfermagem. Em 1973, trabalhou por um ano em uma fábrica de confecções no interior. "Bem, [...] assim eu tinha um emprego [...] afinal fui eu que pedi à assistente social, eu queria trabalhar." Em Paris, ela entrou na Diretoria dos Assuntos Sanitários e Sociais (Direction des affaires sanitaires et sociales, Dass), no subúrbio parisiense, porque queria ser auxiliar de puericultora. Foi para um abrigo de crianças em outro subúrbio, onde ficou durante três anos. Em 1976, em uma decisão impulsiva, pediu demissão, algo de que se arrepende até hoje. Em 1975-1976, foi faxineira, cuidou de crianças e foi para o interior por algum tempo. Em Nice, onde ficou três meses, trabalhou como auxiliar de vida. Em seguida, de 1976 a 1978, tornou-se garçonete de restaurante em Paris, depois, até 1984, foi cuidadora domiciliar, a serviço do gabinete de

---

* Curso profissional de três anos, após o ensino médio. (N. T.)

7 Sandra me explicou: "Sofri uma perfuração do tendão [...] ao segurar um paciente, tive uma distensão no braço [...] e então fiquei dez meses em licença".

84 *O cuidado: teorias e práticas*

assistência social (*bureau d'aide sociale*), hoje Centro da Ação Social da Cidade de Paris (Centre d'action sociale de la Ville de Paris – CASVP). "Durante sete anos então [...] cuidei de crianças em casas particulares. Em 1986, comecei aqui, ficava de dia em uma outra casa em um subúrbio parisiense, que fazia parte do CASVP em 1984-1985 e, tornando-me auxiliar de enfermagem em 1986, comecei aqui à noite". Ela fez concurso para se tornar enfermeira em 1995, mas não passou. Essa auxiliar de enfermagem tem a trajetória semelhante à de uma cuidadora brasileira. Sem pais nem família, ela executou uma grande quantidade de pequenos trabalhos considerados "sem qualificação" (realizando serviços domésticos, atuando como babá, operária, auxiliar de vida, garçonete etc.) e muito precários do ponto de vista de remuneração e de estabilidade de emprego.

Antoine é AMP em um estabelecimento de acolhimento de idosos(as) dependentes em Paris, onde trabalha à tarde; tem 45 anos e é de origem comoriana. Sua mãe é professora aposentada, e seu pai, agricultor, é falecido. Ele tem três irmãos, dois na França e um em Comores. Veio para Paris em 1995, então com 29 anos, depois de terminar o ensino médio em Comores e de fazer curso de técnico em anestesia na Tunísia, diploma não reconhecido na França. Casou-se em 1994, quando esteve de férias na França, e se divorciou em 2011. Tem três filhas, de 13, 9 e 6 anos. Está há cinco anos nessa instituição: depois de terminar sua formação em AMP em 2005, foi recrutado em 2006. Foi agente hospitalar no setor privado de 2004 a 2006 e, antes, trabalhava em domicílio (de 1996 a 2004). Fez concurso para enfermeiro, mas foi reprovado. É sindicalizado na Confederação Geral do Trabalho (Confédération Générale du Travail, CGT), porém se diz "sindicalizado não ativo". Trata-se de um caso de desclassificação em razão do não reconhecimento do diploma obtido no estrangeiro. Apesar de uma formação inicial como técnico anestesista, ele trabalha em um estabelecimento de acolhimento de idosos(as) dependentes como auxiliar médico-psicológico.

No Brasil, nos três estabelecimentos pesquisados da região metropolitana de São Paulo, o grande número de pequenos trabalhos efetuados a partir de uma idade muito baixa – em geral sem direitos e de natureza informal – parece caracterizar a trajetória dos(as) cuidadores(as) que entrevistei. São trajetórias descontínuas e irregulares, acumulando atividades heteróclitas. Uma análise das trajetórias de cuidadoras em Ilpis no Brasil mostra claramente a sucessão desses empregos precários. Como é possível observar pela análise das trajetórias profissionais das assalariadas em estabelecimentos[8], mais da metade de seu tempo de atividade (66%) desenrolou-se

---

[8] O estudo dessas trajetórias foi realizado por Myrian Matsuo para o artigo de Helena Hirata, Efthymia Makridou e Myrian Matsuo, "Trajectoires professionnelles et rapports sociaux", cit.

na informalidade. Os períodos de desemprego são curtos, representando em média 4% dessas trajetórias. São períodos que coincidem com a chegada dos netos ou da necessidade de se ocupar de pais doentes ou dependentes. Nenhuma aproveitou o período de inatividade para estudar ou adquirir maior qualificação profissional. Além disso, em média, 80% das trajetórias das cuidadoras em questão ocorreram no setor do cuidado. Por suas trajetórias é possível observar que, seja qual for a faixa etária dessas trabalhadoras, períodos de informalidade estão presentes na maioria dos percursos profissionais dessas cuidadoras, que têm hoje uma condição equivalente a um contrato por tempo indeterminado (*contrat à durée indeterminée*, CDI).

Assim, a trajetória profissional de Júlia, 47 anos, ocorreu 80% do tempo na informalidade, sem contratos de trabalho e sem direitos sociais, e só durante 11% do tempo ela trabalhou como assalariada. Ela começou a trabalhar aos dez anos de idade, e 83% do tempo de sua trajetória foi dedicado ao trabalho do cuidado. No caso de Maria, 52 anos, 73% do tempo de seu percurso ocorreu na informalidade e 26% do tempo ela trabalhou como assalariada. Também começou a trabalhar aos dez anos. Um pouco mais da metade (53%) do tempo de sua trajetória de trabalhadora foi dedicada ao cuidado, e o restante a outros tipos de emprego ou de trabalho remunerado. O período de trabalho informal na trajetória dessas mulheres é de longe o mais longo, e é possível observar ainda mais diferenças nesses itinerários conforme a geração.

Outro aspecto a ser destacado é a precariedade associada às baixas remunerações na profissão do cuidado. Assim, é muito comum as cuidadoras exercerem mais de uma atividade profissional para completar seu orçamento. Quando estão empregadas em estabelecimentos de acolhimento de idosos(as), ao mesmo tempo fazem pequenos trabalhos complementares, como o de cuidadoras domiciliares (*home care*), de folguistas em casas de repouso, de acompanhantes de idosos(as) em hospitais, de faxineiras ou vendedoras.

As três trajetórias que selecionei para apresentar aqui têm algumas características que acabei de mencionar.

Milton tem 26 anos, é cuidador de idosos em uma Ilpi privada em São Paulo. Trabalha há três meses nesse estabelecimento e começou a trabalhar aos quinze anos. Seu primeiro emprego, não registrado, era em um lava-rápido. Lá ele ficou por dois ou três anos: "Eu trabalhava muito e ganhava pouco. Depois fiz diferentes trabalhos (construção, pintura, durante cerca de sete meses; carpintaria, durante um ano e meio etc.), mas meu primeiro emprego registrado (com direitos sociais) foi no hospital A". Ele trabalhou no hospital A, de que essa Ilpi é o braço dedicado ao "cuidado de pessoas idosas", como camareiro. Sua mãe é cuidadora domiciliar e coordena os trabalhos de uma equipe de cuidados de uma senhora idosa. Ela

O cuidado: teorias e práticas

também foi empregada doméstica. No final de 2009, ele tirou diploma de técnico de enfermagem, depois de um curso que começou no hospital. Procurou emprego registrado com direitos sociais quando soube que seria pai. Foi casado durante dois anos, tem uma filha de quatro anos que nasceu em 2006, mas separou-se da mulher, enfermeira, quando a filha tinha um ano. Tem dois irmãos (de 29 e 20 anos) e uma irmã (de 23 anos). O irmão mais velho é operário em linha de montagem eletrônica, o mais novo trabalha em *telemarketing*. A irmã estudou administração e estava desempregada na ocasião da entrevista. Os irmãos e a irmã têm ensino médio. À época da entrevista, Milton queria estudar enfermagem. A trajetória profissional desse cuidador brasileiro é constituída por uma sucessão de empregos precários, sem direitos sociais, em diferentes setores. Ele tem 26 anos e ainda mora com a mãe, depois de se separar da ex-esposa enfermeira.

Maria tem vinte anos, é cuidadora, solteira, não tem filhos e trabalha há um ano e um mês em uma Ilpi privada. Cursou o ensino médio e fez o curso de dois anos de técnica em enfermagem (um ano de auxiliar e, depois, mais um ano de técnica em enfermagem) e recebeu o diploma em 2009. Seu primeiro emprego, aos dezesseis anos, foi em uma farmácia, como auxiliar de caixa e vendedora de cosméticos, em que era registrada. Trabalhou durante seis meses e pediu demissão, porque a farmácia foi assaltada no momento em que ela estava no caixa e isso a traumatizou. Em seguida, trabalhou por um ano em uma empresa perto de sua casa, no setor de compras, sem ser registrada. Antes de entrar na Ilpi, fez pequenos trabalhos independentes por um ou dois meses, entre os quais o de vendedora. Seus pais são do Nordeste (Pernambuco), mas ela e a irmã de catorze anos nasceram em São Paulo. O pai é porteiro do Jockey Clube, a mãe é dona de casa e nunca teve trabalho remunerado. No Nordeste, a mãe ajudava os pais no trabalho agrícola. Maria fez um ano de curso de informática aos quinze anos, com uma bolsa, e o pai pagava a metade da mensalidade. Também teve aulas de inglês e de espanhol durante sete meses na Escola da Família, uma instituição pública, mas as aulas foram interrompidas. Seu projeto é começar uma faculdade de enfermagem. Em suma, essa técnica em enfermagem teve um primeiro emprego de vendedora com contrato, mas depois acumulou empregos sem contrato até ser recrutada pela Ilpi.

Amélia, cuidadora brasileira de 35 anos, é casada e tem três filhos (uma filha de três anos, um filho de nove anos e outro de quinze anos). Trabalha à noite em uma Ilpi privada. Está há quatro anos e meio no estabelecimento e há sete no grupo a que ele pertence. Nasceu em Recife, Pernambuco, e chegou a São Paulo com cerca de 26 anos de idade. Seus pais vieram para São Paulo há cinco anos. O pai era trabalhador agrícola no Nordeste, e a mãe é costureira. Ela tem nove irmãs e um irmão. Amélia começou a trabalhar aos dezessete-dezoito anos e se casou aos dezoito. Trabalhou seis meses em Recife, mas pediu demissão para ir morar em São Paulo. Trabalhou durante um ano e meio como empregada doméstica, sem ser registrada, depois três anos como caixa de supermercado. Estava desempregada quando foi ao Poupatempo e conseguiu um trabalho no hospital A. Lá trabalhou como camareira durante dois anos e em seguida conseguiu o cargo de cuidadora na Ilpi do grupo A. Cursou o ensino médio em São Paulo e, em seguida, há três anos, fez o curso de auxiliar e técnica de enfermagem. Trabalhou durante oito meses em um hospital geriátrico de São Paulo, acumulando o emprego com o do hospital A, mas pediu demissão do primeiro para dar mais atenção à família (a filha ia ser operada). Seu marido é eletricista e, na ocasião da entrevista, estava desempregado havia dois meses. Ele ajuda muito na casa, os filhos estão aprendendo a cozinhar, tomam banho sozinhos, "todo mundo se ajuda", o que lhe possibilitou continuar estudando. O projeto de Amélia é inscrever-se em uma faculdade de enfermagem. A trajetória dessa técnica em enfermagem mostra a precariedade de emprego no contexto de um percurso migratório, pois ela começou a vida profissional com um trabalho não registrado e sem direitos e, depois, foi acumulando uma série de empregos, conciliando-os com suas obrigações familiares.

No Japão, nos dois estabelecimentos de Tóquio e no de Gunma, a divisão sexual do trabalho e o investimento dos homens no cuidado em consequência da crise e do desemprego constituem importantes chaves de leitura e compreensão das trajetórias masculinas e femininas. Uma das três trajetórias aqui apresentadas esclarece bem esse fenômeno especificamente japonês no trabalho do cuidado.

Sueko é uma mulher cuidadora (*kaigo fukushishi*) em um estabelecimento de acolhimento de idosos(as) dependentes privado, em Tóquio. Ela tem 21 anos, é solteira e tem um namorado. Nascida em Niigata, província ao norte de Tóquio, foi recrutada pelo estabelecimento em abril de 2011, portanto na ocasião das entrevistas tinha três meses de casa. O pai trabalha em um hotel, a mãe trabalha em tempo parcial em um *kombini* (pequeno supermercado também chamado *convenience store*, loja de conveniências). Ela tem um irmão de 28 anos, que trabalha com informática, e uma irmã de 24 anos, que também é *care worker* mas teve bebê e parou de trabalhar. Sueko terminou o ensino médio há dois anos, aos dezenove anos. Continuou a estudar em uma escola profissional para *care worker*, ou seja, em uma universidade de ciclo curto, de dois anos, *Tanki Daigaku*. Durante os estudos, fez bico como garçonete em um bar (*izakaya*) nas horas livres. Essa jovem auxiliar de enfermagem de 21 anos só fez bicos durante os estudos e foi recrutada pelo estabelecimento de acolhimento de idosos(as) assim que tirou o diploma. Embora ela tenha um emprego aparentemente estável, é muito provável que seja por tempo determinado, uma vez que as normas sociais vigentes no Japão estimulam as

88   *O cuidado: teorias e práticas*

mulheres a deixarem o emprego ao se casar, antes dos trinta anos, tal como poderá ocorrer com as outras cuidadoras recrutadas na mesma ocasião que ela.

Yumiko, *care worker* (*kaigoshi*) em um estabelecimento privado de acolhimento de idosos(as) dependentes em Tóquio, tem 34 anos, é noiva e tem diploma universitário em psicologia (obtido aos 25 anos de idade, em 2001). Depois do ensino médio, fez pequenos trabalhos (aulas particulares) e, antes de cursar a universidade, morou por três anos em Londres (entre os 19 e os 21 anos). Está no estabelecimento há pouco mais de quatro anos (desde 2007). Antes trabalhou em uma clínica psiquiátrica durante cinco anos, como assistente social (*social worker*) e conselheira (*counselor*). Mudou de emprego porque queria morar em Tóquio e conseguiu o emprego no estabelecimento de idosos(as) graças ao equivalente japonês do *Pôle Emploi** francês (*shokugyo anteisho*). Seu pai, chefe de cozinha, é originário de Osaka, e sua mãe, ex-funcionária de escritório, é originária de Quioto. Yumiko nasceu em Nagoya. Tem um irmão de 35 anos, que trabalha como assalariado em uma empresa. Ela planeja abrir um estabelecimento comercial, uma loja de quimonos ou um salão de chá. Pretende se casar no ano que vem, mas não tem intenção de parar sua atividade profissional. Trata-se de um perfil atípico[9], de uma cuidadora que viveu no exterior e tem uma experiência profissional no setor de saúde (hospital psiquiátrico). Ela considera seu emprego no estabelecimento de acolhimento de idosos(as) menos satisfatório e gratificante, uma vez que os beneficiários não têm projetos, como podem ter os(as) jovens hospitalizados(as) na psiquiatria. Portanto, encara esse trabalho apenas como uma etapa de seu percurso.

Minoru, um *care worker* (*kaigo fukushishi*) *leader* de cinquenta anos, trabalha em um estabelecimento privado de acolhimento de idosos(as) em Tóquio e tem três anos e três meses de casa. Possui diploma universitário de química, obtido em 1985. Trabalhou na indústria mecânica durante vinte anos (dos 24 aos 44 anos), onde se ocupava da manutenção das máquinas. Foi dispensado durante a crise de 2008. Dos 44 aos 46 anos, fez uma escola profissional em Tóquio para obter o diploma que lhe permitisse trabalhar na área de cuidado. Depois de dois anos e meio no estabelecimento, foi promovido a *leader*[10]. Seu pai é comerciante, nascido em Tóquio, e sua mãe é dona de casa, nascida em um subúrbio dessa capital. É casado há 24 anos,

---

* O *Pôle Emploi* é um estabelecimento público de caráter administrativo que tem por função orientar, acompanhar e apoiar cidadãos à procura de emprego. (N. T.)

[9] Apresento este perfil, embora seja atípico, para mostrar a diversidade e a heterogeneidade dos perfis dos(as) cuidadores(as) no Japão, apesar da homogeneidade de tratamento por parte das instituições que os recrutam: pouco reconhecimento de seu trabalho, salários baixos etc.

[10] Trata-se de um primeiro escalão hierárquico, correspondente ao de responsável de equipe, encarregado de supervisionar um pequeno grupo de *care workers*.

sua mulher tem 48 anos e era funcionária de escritório antes de se tornar dona de casa. Tem uma irmã de 53 anos, assalariada em uma empresa. Não tem filhos. O caso de Minoru é representativo da divisão sexual do trabalho e das trajetórias masculinas do cuidado no Japão. As mudanças ocorridas no mercado de trabalho em consequência da crise econômica que atingiu o Japão, com a falência do Lehman Brothers em 2008, as demissões e a necessidade de reorientar as carreiras, afetaram homens e mulheres que tinham empregos muito estáveis em grandes indústrias ou comércios. Trabalhar no setor de serviços revelou-se ainda mais lógico pelo fato de que o governo, para facilitar a reinserção dos desempregados, ofereceu formação nesse setor. Minoru progrediu bem depressa em sua carreira, com a promoção à função de *leader*, à qual muito poucas mulheres têm acesso nesse estabelecimento.

Um grande número de *care workers*[11] de nossa pesquisa nos estabelecimentos japoneses começou sua formação como *helper 2 kyu*[12] ou como *kaigo fukushishi* por volta dos anos 2000. Alguns *care workers* do sexo masculino começaram a trabalhar nesse setor depois que o "seguro-cuidado" (LTCI) foi introduzido e as mídias promoveram essas novas profissões do cuidado. Os homens jovens (vinte-trinta anos) que trabalhavam em estabelecimentos para idosos(as) fazem parte desse movimento de popularização da profissão.

Duas trajetórias de homens *care workers* em estabelecimentos de acolhimento de idosos(as) dependentes japoneses ilustram bem esse último fenômeno. Minoru, que mencionei anteriormente, foi empregado por um estabelecimento da região de Tóquio em 2009, com um diploma universitário de química obtido em 1985. Tinha trabalhado como assalariado (*salary man*) em uma indústria de equipamentos durante vinte anos. Foi promovido rapidamente no estabelecimento de acolhimento de idosos(as).

No entanto, a trajetória de outro *care worker* também mostra os obstáculos que essas reconversões apresentam. Fumio, *helper* de 28 anos (já apresentado no capítulo 3) em um estabelecimento japonês de acolhimento de idosos(as), é titular de um diploma universitário de economia e seguiu uma formação de mais seis meses na área do cuidado. Porém, sendo *ringi*, trabalhador precário, não goza dos direitos dos trabalhadores registrados. Ele mencionava sua condição, a falta de pessoal, a intensificação do trabalho e os problemas de relações humanas no estabelecimento para falar de sua intenção de procurar emprego em outro lugar. A condição de

---

[11] Lembremos que os trabalhadores e as trabalhadoras em cuidado no Japão são chamados(as) *care workers* pelos(as) diretores(as) e gestores(as) dos estabelecimentos. Correspondem, na França, aos auxiliares de vida social e aos AMP.

[12] Trata-se do primeiro nível de formação para se tornar *care worker* no Japão. Cf. anexo II.

90   *O cuidado: teorias e práticas*

emprego no Japão como trabalhador precário leva a um tratamento sistematicamente discriminatório por parte dos trabalhadores registrados.

O número importante de homens *care workers* nos estabelecimentos é, mesmo assim, muito surpreendente quando se sabe até que ponto o cuidado é um trabalho de mulheres no espaço doméstico. Os homens e as mulheres japoneses(as) entrevistados(as) consideravam que os primeiros podiam fazer esse trabalho e que o fato de ser misto era um aspecto positivo de sua atividade. O discurso de alguns e algumas era semelhante aos que tive ocasião de ouvir nas fábricas: "É melhor que haja homens. Há tarefas que exigem força física. E a atitude dos homens também muda quando há mulheres" (*care worker* homem, 42 anos). Contudo, havia outras considerações menos previsíveis: "De maneira geral, é melhor que haja os dois (homens e mulheres). Tem-se a vantagem de ter maneiras diferentes de ver as coisas" (*care worker* homem, cinquenta anos); ou ainda: "(Assim) é possível ter o lado bom dos dois, homens e mulheres" (*care worker* homem, 26 anos).

Existe um paradoxo evidente nesse investimento masculino de tarefas tradicionalmente consideradas femininas – cuidar de idosos(as) dependentes para fazê-los(as) tomar banho, alimentá-los(as) e levá-los(as) ao banheiro, mas também para escutá-los(as) e interagir com eles(as) – levando em conta a tradição ainda muito patriarcal da divisão do trabalho profissional e doméstico na sociedade japonesa.

A trajetória pessoal e familiar também pode explicar esse investimento masculino nas profissões do cuidado: é o que se depreende, por exemplo, da referência frequente aos avós – que moram ou não com eles –, em sua adolescência ou juventude e dos quais tiveram oportunidade de cuidar. Enfim, pode-se considerar também que, entre o não trabalho ou o desemprego e o trabalho no setor de cuidado, a escolha por parte dos homens é clara: a despeito das dificuldades e da rudeza relacionadas a essa atividade, o acesso aos empregos nesse setor em expansão abre perspectivas de carreira e de certa estabilidade, permitindo evitar a experiência sofrida do desemprego.

Essas trajetórias de cuidadores(as) mostram que, nos três países, trata-se de uma profissão pouco valorizada, com salários relativamente baixos e pouco reconhecimento social. No Brasil, as relações sociais de sexo e de classe são particularmente marcadas, tendo por consequência a exclusão de uma maioria de mulheres do mercado formal e do acesso à qualificação. Na França, em contrapartida, são as discriminações institucionais que prevalecem na exclusão das empregadas desqualificadas dos setores mais nobres da saúde e de cargos que correspondam à sua qualificação. A crise econômica no Japão explica a "escolha" dos homens de se reorientarem para o setor do cuidado a fim de enfrentarem o desemprego. Os serviços aos(às) idosos(as) apresentam-se como um emprego de refúgio ou a única opção de emprego relativamente estável.

A comparação internacional mostrou que os(as) empregados(as) se veem frequentemente desqualificados(as) em relação aos diplomas e aos títulos que têm. O caso dos(as) empregados(as) desqualificados(as) em Paris, resultante da imigração, é o mais exemplar, porém observam-se situações semelhantes tanto em São Paulo como em Tóquio.

Enfim, a análise conjunta dos itinerários pessoais e profissionais é particularmente elucidativa para a compreensão das modalidades de entrelaçamento das relações sociais de sexo, de classe e de raça[13]. Ela nos permite entender ao mesmo tempo as razões das rupturas do percurso profissional e a maneira pela qual os(as) empregados(as) as vivenciam. Observamos mais particularmente as modalidades da articulação entre vida pessoal e vida profissional nas trajetórias de mulheres empregadas em São Paulo e em Paris, estando consequentemente relegadas ao setor do cuidado. Em contrapartida, na região metropolitana de Tóquio, a reorientação profissional dos homens para o setor do cuidado parece estar muito associada à situação mais global da economia japonesa e ao aumento importante do desemprego resultante. Por isso, apesar das rupturas de seus percursos, esses homens apresentam maior estabilidade nos empregos obtidos ao longo de toda a vida em comparação com os(as) cuidadores(as) dos outros países estudados. Aqui certamente entra em jogo uma outra modalidade de articulação da vida pessoal e da vida profissional que possibilita uma trajetória masculina muito mais coerente e estável em detrimento dos percursos profissionais de suas esposas e das mulheres japonesas em geral.

Há um último aspecto importante no que diz respeito às trajetórias dos(as) cuidadores(as): constatei que muitas vezes as mulheres se referem a uma experiência informal de cuidado no interior das famílias e que é bastante frequente elas trabalharem no setor do cuidado não formal antes de ingressarem ou reingressarem no mercado formal. Ao contrário dos homens, que, no caso de uma experiência familiar de cuidado, a mobilizam como uma habilidade específica[14] adquirida em condições particulares, as mulheres parecem estabelecer uma relação maior com sua "vocação" para o cuidado. O que parece "natural" para elas, e, por conseguinte,

---

[13] Cf. Danièle Kergoat, "Le *care* et l'imbrication des rapports sociaux", em Nadya Araujo Guimarães, Margaret Maruani e Bila Sorj (orgs.), *Genre, race, classe: travailler en France et au Brésil* (Paris, L'Harmattan, 2016).

[14] "É sob a pressão de precisar cuidar dos outros que a disposição ao cuidado tem alguma possibilidade (nem sempre, mas com frequência) de se desenvolver" (Pascale Molinier, Sandra Laugier e Patricia Paperman, "Introduction", em *Qu'est-ce que le* care? *Souci des autres, sensibilité, responsabilité*, Paris, Payot, 2009, p. 15).

não valorizado no mercado de trabalho, é mobilizado pelos homens como uma "competência" específica[15]. No mesmo sentido, também se deve sublinhar que os homens no Japão têm maior probabilidade que as mulheres de alcançar um cargo mais alto (*leader*, "supervisor", "diretor") no setor do cuidado. Tive a possibilidade de constatar isso no decorrer desta pesquisa.

Da definição do cuidado à atividade concreta

Para introduzir a questão da definição do cuidado com referência à atividade concreta de trabalho, lembrarei as dimensões do cuidado tal como são colocadas por Angelo Soares e Pascale Molinier em dois artigos dedicados a essa questão.

Segundo Angelo Soares[16], cujas pesquisas são feitas no âmbito da sociologia das emoções, é possível identificar cinco dimensões no trabalho do cuidado nas quais se encontra claramente a presença do corpo e da sexualidade: 1) uma dimensão física, por meio do contato dos corpos que se efetua por ocasião de atos implicados pela limpeza das fezes, a toalete, a colocação de sondas, a higiene das partes íntimas etc.; 2) uma dimensão cognitiva, necessária para o conhecimento dos medicamentos, a observação dos horários, o reconhecimento dos sintomas clínicos etc.; 3) uma dimensão sexual, relacionada à mobilização do corpo dos(as) trabalhadores(as) na produção dos cuidados; 4) uma dimensão relacional, por meio da interação, da comunicação, da capacidade de escuta; e 5) uma dimensão emocional, em razão do lugar importante das emoções no trabalho do cuidado, do uso prescrito das emoções na realização do trabalho e do controle delas.

Pascale Molinier[17], por sua vez, também apresenta cinco diferentes facetas, ou cinco maneiras de descrever o cuidado: o cuidado como amabilidade (*gentleness*), como *savoir-faire* (*know-how*) discreto, como trabalho sujo, como trabalho inestimável e como detentor de uma dimensão política, na qualidade de "narrativa política"[18]. Suas pesquisas, voltadas para unidades de cuidado de idosos(as) dependentes, são particularmente interessantes para nossa reflexão.

O trabalho concreto realizado pelos(as) auxiliares de enfermagem dos três países é comparável, à primeira vista, mas a maneira de descrevê-lo e as expressões utilizadas são muito diversas de uma pessoa para outra, de um país para outro.

---

[15] Cf., no contexto europeu, a tese de Francesca Scrinzi, *Genre, migrations et emplois domestiques en France et en Italie: construction de la non-qualification et de l'altérité ethnique* (Paris, Petra, 2013).

[16] Angelo Soares, "As emoções do *care*", em Nadya Araujo Guimarães e Helena Hirata (orgs.), *Cuidado e cuidadoras: as várias faces do trabalho do* care (São Paulo, Atlas, 2012), p. 44-59.

[17] Pascale Molinier, "Ética e trabalho do *care*", em Pascale Molinier, Sandra Laugier e Patricia Paperman, *Qu'est-ce que le* care?, cit.

[18] Ibidem, p. 30-41.

À pergunta "para você, o que significa *cuidar?*" (no Brasil) ou *"prendre soin?"* (na França), a resposta, nesses dois países, era muito mais direta e simples que no Japão, onde a palavra *"kaigo"* frequentemente suscitava o comentário "é difícil", ao lado de longos períodos de silêncio. Uma hipótese que poderia explicar essa diferença é o caractere chinês que representa a palavra *"kaigo"* e a banalização relativamente recente desse termo no Japão, ao contrário de *"prendre soin"*, na França, ou de *"cuidar"*, no Brasil. Também obtivemos respostas dizendo que havia duas palavras em japonês: *"kaigo"* e *"kango"*. A primeira corresponde a cuidar, cuidado propriamente dito, e a segunda designa o "tratamento" no sentido terapêutico, correspondente ao inglês *"cure"*.

A realização do trabalho de cuidado como relação social e interindividual pode ser entendida na análise das entrevistas a seguir. Trata-se, então, de respostas à pergunta: "Para você, o que é *cuidar?*" (ou *prendre soin* em francês, ou *kaigo* em japonês). As respostas parecem relativamente padronizadas e pouco singulares. Seria de indagar se elas são estereotipadas e resultantes de formações recebidas previamente ou se são respostas espontâneas. Para tentar responder a essa questão, explorou-se o caminho de correlacionar as respostas a ela a esta outra: "Em que consiste seu trabalho?". As respostas às duas nem sempre coincidem, ao contrário do que se poderia pensar de início.

Na França, Sandra, 52 anos, auxiliar de enfermagem, que nasceu em Guadalupe (Antilhas) e trabalha à noite (21h-7h) em Paris, responde à pergunta "O que é cuidar?" do seguinte modo: "É estar à escuta da pessoa, saber ocupar-se dela em todos os sentidos da palavra. É saber se é preciso lhe dar de comer, lhe dar banho, trocá-la, falar com ela mesmo que ela não entenda, porque, sabe, o fato de falar relaxa, afagar-lhe um pouco a cabeça, assim, mostrar-lhe que você está presente".

Os aspectos relacionais, emocionais, afetivos são citados quando Sandra define o que é o cuidado. Essa relação interindividual que o cuidado implica – estar com alguém – contrasta com o fazer, que é citado quando descreve o que considera suas atividades de cuidado. Quando se pergunta em que consiste sua atividade, ela diz que olha os relatórios para ver o que aconteceu durante o dia; que depois vai aos quartos para ver se estão todos deitados, trocá-los se estão sujos, dar de beber se estão com sede, um remédio ou um sonífero para os que precisam tomá-lo à noite. Depois, faz uma pequena pausa para tomar um lanche um pouco antes das 23h e começa uma segunda ronda. Um homem não para de gritar entre 21h e 4h da manhã, mas ela só pode ir vê-lo de vez em quando, porque precisa cuidar dos outros "doentes". Ela pede à enfermeira que vá vê-lo, mas ele continua gritando. Então, "é preciso estar sempre presente [...], ir ver o que está acontecendo, se uma porta está fechada é preciso abri-la, se você não vê um hóspede no quarto dele é preciso procurá-lo para ver onde ele está, porque não é normal. É isso, é, ahn, um trabalho muito difícil, porque é preciso estar alerta o tempo todo".

O que fica claro no que Sandra diz é que o ato de estar presente para o outro, essencial no cuidado, é algo difícil de realizar com tantas atividades para executar e cuidando de tantas pessoas. Ela também esclarece mais uma coisa: o fato de estar sempre alerta a cansa. O problema do tempo aparece na maioria das vezes de maneira explícita quando se trata das atividades de cuidado, principalmente porque os horários de trabalho são compassados por tarefas simultâneas que acarretam sobrecarga mental e cansaço.

Ao mesmo tempo que o cuidado significa estar presente para o outro, por meio do corpo e da palavra, o relato sobre as atividades concretas do cuidado indica que cuidar é muito mais que uma presença, o que fica claro no que diz Julie, 57 anos, auxiliar de enfermagem nascida em Paris, onde trabalha em um estabelecimento de acolhimento de idosos(as) dependentes. À pergunta "O que é o cuidado?", ela responde: "Cuidado, bem, bem, é... [silêncio] minha presença". No entanto, questionada sobre suas atividades, responde que faz três rondas por noite e que há muitos chamados:

> Eles têm angústias, chamam [...] tocam a campainha, muito, muito [...] uma senhora chamava muito [...] eles têm muita angústia à noite. [...] Agora fui levar água para uma senhora, todas as noites eu começo por ela. [...]
> Eu faço as trocas às cinco horas da manhã [...] uma senhora que se mexe muito, ela se mexe demais, sou obrigada a ir vê-la muitas vezes durante a noite para ver se não caiu, ela fica entalada embaixo da cama [...] ela é bem miúda [...] é como vidro [...] Tenho de fazer as rondas, faço três, hein [...] digamos que faço uma a uma hora da manhã, vou fazer uma pelas duas e meia e depois uma às quatro horas, é isso [...] às quatro da manhã faço um café para mim.

"Estar presente" é uma expressão que aparece tanto na fala de Sandra como na de Julie, mas, quando se trata de atividades concretas, elas enfatizam muito claramente as pressões de um serviço em que há poucos(as) cuidadores(as) em proporção ao número de beneficiários(as), o que não permite cuidar bem deles e delas. Também nesse caso, como no de Sandra, conclui-se que é necessário estar vigilante, ter uma atenção que acarreta cansaço. Nas respostas de Julie, a palavra "presença" também remete a uma preocupação com a saúde dos(as) beneficiários(as), observação, atenção e, portanto, responsabilidade. As "trocas" (de fraldas, de roupas) que Julie faz às quatro da manhã implicam práticas, gestos, um comportamento que vai bem além da simples presença.

O que diz Antoine – 45 anos, AMP, nascido em Comores e que trabalha à tarde – e a comparação entre o que ele afirma sobre o cuidado e sobre suas atividades reforçam as respostas de Sandra e de Julie: o objeto do cuidado é um indivíduo, um ou uma beneficiário(a) singular, ao passo que sua atividade de trabalho traz imediatamente à cena a cooperação – com os(as) colegas, o(a) médico(a), os(as) psicólogos(as). Uma segunda constatação é a de que a atividade concreta de trabalho coloca-o diante de diferentes níveis de dependência: há uma grande heterogeneidade entre os(as) hóspedes, e alguns e algumas exigem mais atenção e ajuda dos(as) cuidadores(as) que outros(as). Isso torna o trabalho do cuidado mais complexo e exige práticas adaptadas a cada caso. Finalmente, ele enfatiza o número importante de hóspedes dependentes para cada cuidador(a) no cotidiano do trabalho: "Cuidado quer dizer muita coisa, estar atento, estar à escuta, ser paciente, ahn, escolher o momento certo, ahn, conhecer os próprios limites".

À pergunta sobre suas atividades, Antoine responde que ele começa por fazer as transmissões de informação (orais) com os(as) colegas da manhã ("Com o médico, se ele estiver presente, com os psicólogos, se estiverem presentes, com os cuidadores da manhã e da tarde"), que duram por volta de trinta minutos, todos os dias. As informações escritas, por sua vez, levam entre dez e vinte minutos para serem feitas: antes de ir embora, fazemos as comunicações por escrito. Quanto aos hóspedes, "nós lhes damos de comer (27 hóspedes e três cuidadores, nove hóspedes por cuidador), cinco pessoas a quem damos comida na boca e outras que estimulamos, no caso são cinco. É preciso estimular, ficar de olho, hein, verificar". Antoine esclarece que entre os(as) 27 hóspedes, nove estão em cadeira de rodas. As informações por escrito ocupam, então, uma parte significativa do tempo de trabalho de Antoine, mas, ao contrário do que ocorre com os(as) cuidadores(as) japoneses(as), elas são realizadas durante sua jornada de trabalho e não fora dela, sob forma de horas extras não pagas.

No Brasil, outras questões são levantadas por Milton, 26 anos, cuidador em um estabelecimento de acolhimento de idosos(as) dependentes em São Paulo. Ele introduz a questão do respeito no trabalho do cuidado e refere-se aos passeios, uma vez que é funcionário em uma instituição para pessoas ricas. Uma das instituições de acolhimento de idosos(as) em São Paulo era, de fato, destinada a pessoas de classes abastadas, e isso se refletia nas atividades dos(as) cuidadores(as) (acompanhar os(as) idosos(as) nas saídas, passeios etc.). Ele responde assim: "O cuidado é respeitar, respeitar a pessoa. E também o respeito da pessoa para com o cuidador. Cuidar não é apenas realizar diferentes atividades, é contribuir, é a contribuição e [a pessoa idosa] também deve retribuir".

No caso de Milton, o respeito mútuo e a contribuição-retribuição estão presentes na definição do cuidado, contudo estão ausentes da descrição de suas atividades, que aparecem como uma lista de tarefas concernentes ao beneficiário ou à beneficiária, como se os domínios da ética e das práticas estivessem separados, sendo o primeiro da ordem unicamente da disposição e o segundo do universo do fazer concreto. O domínio das atividades, nesse caso, também exige a cooperação, aqui com os(as) auxiliares de enfermagem que se ocupam dos remédios, cooperação essa que pode também significar tensão e conflitos. "Meu trabalho são os 'cuidados integrais' às pessoas idosas. A única coisa que não fazemos são os remédios, tarefa dos auxiliares de enfermagem. Fazemos todo o cuidado de que a pessoa idosa precisa, ajuda para comer, tomar banho, se trocar, acompanhamento às consultas médicas, as saídas etc."

No caso de Maria, vinte anos, cuidadora em São Paulo, observa-se uma convergência de suas palavras sobre o cuidado e sobre sua atividade de trabalho, que se materializa na palavra "ajudar". Entretanto, seu discurso sobre suas atividades introduz a questão da saúde dos(as) idosos(as) e a questão de atender a suas necessidades, tanto psicológicas como "básicas": "Para mim, o cuidado é fazer com que a pessoa esteja bem [...] Para mim, se ela está bem, é porque foi cuidada [...] Se ela tem algum problema, poder ajudá-la em todas as suas necessidades [...] estar a qualquer momento, em qualquer situação, pronta para ajudá-la, para mim o cuidado é isso. [Quanto a suas atividades] Meu trabalho consiste em ajudar as pessoas idosas para que possam ter uma velhice melhor, ajudar com as necessidades básicas, inicialmente com as psicológicas [...] ajudar a ter uma velhice com saúde, na medida do possível".

Ajudar o outro exige levar em consideração a psicologia do indivíduo, que está na base de sua saúde e é a precondição de todo trabalho de cuidado. É também o que diz Amélia, cuidadora em São Paulo, que introduz a questão do amor no cuidado. Cuidar é amar, tanto o(a) beneficiário(a) quanto sua própria atividade; colocar-se no lugar do outro e tornar as pessoas "felizes". Para isso, é preciso realizar toda uma série de atividades de acompanhamento, com uma preocupação cotidiana com a saúde da pessoa beneficiária, inclusive do ponto de vista psicológico: é preciso compreender "por que ela está triste, por que está agitada". A paciência faz parte das disposições para realizar essas atividades: "O cuidado, para mim, é como se você estivesse no lugar deles. Será que eu gostaria de ser tratada assim? E se fosse sua mãe, seu pai? O cuidado é isso, amar o próximo. Dar satisfação. Cuidado é amar o que se faz, procurar alguma coisa de satisfatório para que as outras pessoas fiquem felizes". Quanto a suas atividades, Amélia responde: "Cuidar do hóspede com respeito a seu estado de saúde também; fazê-lo tomar banho, fazer higiene íntima e oral, alimentação [...] Ver o que está acontecendo, por que está triste, por que está agitado. Observar também suas necessidades fisiológicas, se está tudo normal, se está há três dias sem evacuar, chamar a enfermaria para que o mediquem [...], também o acompanhamos ao médico, ao hospital. [...] Para cuidar deles, é preciso ocupar-se deles, [ter] paciência, um estado psicológico equilibrado, porque não é fácil [...] muitas vezes eles se sentem deprimidos [...] têm vontade de que fiquemos um pouco mais com eles".

Ser paciente diante dos estados psicológicos instáveis da pessoa idosa exige do(a) cuidador(a) uma condição psicológica que lhe permita atender a suas múltiplas demandas, que não podem ser todas satisfeitas dado o número de pessoas que estão sob sua responsabilidade. Estar atento(a) ao mesmo tempo ao estado físico e psicológico das pessoas dependentes, responder a suas necessidades, isso é o cuidado.

No Japão, para Sueko, 21 anos, cuidadora (*kaigo fukushishi*) em Tóquio, cuidado lembra utilidade e orgulho. A dificuldade da atividade de cuidado vem do fato de que a dependência aumenta com a idade, mas é preciso dizer aos(às) beneficiários(as) do cuidado que façam o que ainda são capazes de fazer. É interessante observar que, tanto em seu discurso como no de Maria, de São Paulo, a palavra "ajudar" aparece relacionada ao cuidado: "O cuidado... hum... sim... é um trabalho do qual podemos nos orgulhar. Ser útil às pessoas. E acho que é um trabalho muito difícil". Com respeito às suas atividades, ela responde: "Meu trabalho é fazer o que os *oditian* [velhos] e as *obatian* [velhas] já não conseguem fazer, e isso aumenta na velhice, e pedir que façam o que (ainda) conseguem fazer, e naquilo que eles e elas não conseguem fazer nós ajudamos. [...] Percebi que é completamente diferente o que aprendemos na escola e o que fazemos na realidade. Quando exercitamos entre nós, na escola, o outro se mexe. Mas, na realidade, eles(as) não conseguem ficar em pé, não conseguem se mexer, não abrem a boca (quando pedimos), há muitos hóspedes assim".

Para Sueko, utilidade e orgulho se combinam no trabalho do cuidado; o orgulho provém da realização de um trabalho difícil e necessário. Essas são palavras que não ouvi as operárias da indústria pronunciarem sobre seu trabalho em minhas pesquisas anteriores e que resultam da ajuda que Sueko proporciona a pessoas idosas e dependentes, figuras humanas concretas inimagináveis durante os exercícios da formação profissional.

Yumiko, mulher de 34 anos, enfermeira de formação e cuidadora em Tóquio, compara seu trabalho à sua experiência anterior em uma clínica psiquiátrica e destaca a falta de futuro dos(as) beneficiários(as) em sua atividade atual. Também compara seu corpo sadio, o qual pode conhecer melhor cuidando de pessoas dependentes. Tal como a brasileira Maria e a japonesa Sueko, ela utiliza a palavra "ajudar" para descrever sua atividade: ajudar a se alimentar, ajudar a tomar banho, ajuda que não é mobilizada em uma clínica psiquiátrica. "O cuidado é uma espécie de espelho para o autoconhecimento. O trabalho físico é duro, mas dizer coisas desse tipo não leva a nada. Quanto ao cuidado como profissão [...] eu o faço porque tenho um corpo sadio, trabalhar com cuidado, portanto, é conhecer melhor a si mesma." Com respeito a suas atividades, ela responde: "Meu trabalho? Cuidado desde manhã até o anoitecer. Mesmo à noite [...] Pessoas que não trabalham e não vão trabalhar no futuro [...] Na minha experiência em uma clínica psiquiátrica, eles não trabalhavam, mas poderiam retomar o trabalho no futuro. Havia um futuro [...] aqui não há. Queremos que eles possam passar bem o tempo. Aqui nos ocupamos da vida cotidiana. Na clínica, não é preciso ajudar a comer, ou ajudar a tomar banho".

A comparação entre um corpo sadio e um corpo doente, entre o presente e a falta ou não de um futuro está no centro das reflexões de Yumiko sobre seu trabalho. Ter um corpo sadio e projetos de futuro a separa dos(as) beneficiários(as) do cuidado. Ao mesmo tempo, ter um corpo sadio lhe permite realizar seu trabalho.

Minoru, de cinquenta anos, cuidador e *leader* de equipe em Tóquio, estabelece uma equivalência entre cuidado e trabalho. Ele considera que seu trabalho é cuidado, mas distingue claramente o que é do âmbito do trabalho do cuidado e o que não lhe deve ser imposto como parte desse trabalho, confundindo o que é de ordem profissional e o que é de ordem privada. As atividades concretas se resumem, segundo ele, a refeição, evacuação e banho. Ele também utiliza a palavra "ajudar". É um trabalho que serve para auxiliar pessoas muito diferentes. Minoru sublinha as diferenças existentes entre os(as) beneficiários(as) em um estabelecimento, tal como já o fazia o AMP que trabalha em Paris, Antoine: "Atualmente meu trabalho é o cuidado. Mas [...] há coisas que posso aceitar que façam parte do trabalho (*Shigoto to shite warikireru bubun*) e coisas que não posso aceitar (*Warikirenai bubun*). No entanto, é um trabalho que serve para ajudar, trazer apoio (*shien suru*) para pessoas muito diversas". Quanto a suas atividades, ele responde que "é a profissão do cuidado (*kaigoshoku*): refeição (*shokuji*), evacuação (*haissetsu*), banho (*nyuyoku*), é principalmente isso o trabalho do cuidado".

Para Minoru, o que ele descreve como suas atividades – refeição, banho, evacuação – é "aceito", portanto, como algo que "faz parte" de seu trabalho de cuidado. O que ele não aceita como parte de seu trabalho é tudo o que afeta sua vida privada, uma vez que quer "distinguir *on* e *off*", seu trabalho profissional e sua vida familiar e privada.

Com base nessas entrevistas, podemos destacar convergências entre os(as) cuidadores(as) de Paris, de São Paulo e de Tóquio com respeito à definição do cuidado e à relação deles(as) com sua atividade.

Uma primeira convergência consiste na ideia de presença associada ao cuidado. A expressão aparece nas duas respostas de cuidadoras francesas: "mostrar-lhe que você está presente", "é preciso estar sempre presente". Todavia, na segunda resposta, no que tange às atividades concretas, são claramente sublinhadas as obrigações de um serviço em que há poucos(as) cuidadores(as) em relação ao número de beneficiários(as) do cuidado. A presença sempre é presença para um indivíduo só. Assim, por causa da dificuldade, até mesmo da impossibilidade de assegurar essa presença, há uma oposição entre o modelo ideal da profissão percebido e a realidade.

Uma segunda convergência no conjunto das falas dos(as) cuidadores(as) dos três países está na diferença entre as respostas às perguntas "o que é o cuidado?" e "em que consistem suas atividades?". A resposta sobre o cuidado remete à disposição e situa os(as) cuidadores(as) na dimensão da ética, ao passo que a resposta sobre as atividades remete ao trabalho concreto, à materialidade do trabalho. Por um lado, "estar com" o(a) beneficiário(a), por outro, "fazer com que ele ou ela esteja bem".

O cuidado é pensado com relação a um indivíduo singular, ao passo que as "atividades" nos colocam diante de um coletivo, diante da necessidade da cooperação e em níveis de dependência diferentes conforme o indivíduo. Esse coletivo constituído de auxiliares de enfermagem, enfermeiros(as), médicos(as), fisioterapeutas etc., pode ser, ao mesmo tempo, fonte de cooperação, de tensões e de conflitos. E tensões e conflitos também podem surgir nas relações com as famílias.

A terceira convergência é o cuidado e as atividades poderem ser pensados como ajuda. Trata-se de ajudar o(a) beneficiário(a) do cuidado a superar as dificuldades da vida cotidiana, de ajudar seus próximos que estão distantes. A ajuda situa-se, assim, no nível psicológico, para que o(a) beneficiário(a) possa enfrentar a velhice com menos solidão.

Finalmente, uma quarta convergência diz respeito à descrição das atividades, que se refere não apenas à dimensão fisiológica, mas também à dimensão psicológica, especialmente à paciência necessária para realizar essas atividades.

Embora as diferenças sociais entre os três países considerados sejam significativas na definição do que é o cuidado e nas diversas atividades tal como são expressas pelos trabalhadores e pelas trabalhadoras entrevistados(as), não constatei diferenças importantes quanto às descrições de suas disposições e práticas, mas sim convergências e semelhanças.

Apesar das diferenças na organização do trabalho descritas anteriormente, essas semelhanças se fundamentam no fato de que nos três países se trata de um trabalho que se realiza no registro dos afetos, do sorriso, do "obrigado" e da aceitação do reconhecimento não monetário. Uma diferença que constatei por ocasião das entrevistas nas instituições dos três países foi que a palavra "paciência" não é empregada pelos(as) *care workers* japoneses, ao passo que os(as) cuidadores(as) no Brasil e na França dizem que "é preciso ter paciência" para cuidar de pessoas idosas. É como se, para os(as) cuidadores(as) japoneses(as), a paciência estivesse inscrita na atitude de cuidado, sem que seja necessário mencioná-la.

Organização e condições de trabalho

Encontrei no Brasil uma organização do trabalho de tipo taylorista e, no Japão e na França, unidades para doentes de Alzheimer em que a divisão de trabalho não era desse tipo. O tempo trabalhado era muito contrastado nos três países. Os postos noturnos e diurnos eram fixos no Brasil e na França, ao passo que eram revezados no Japão. No Brasil, o tempo semanal de trabalho era de 44 horas, com uma jornada de doze horas contínuas (das 6h às 18h), seguida de doze horas de descanso, em uma Ilpi, e equipes noturnas fixas (das 18h às 6h). Na França, o trabalho semanal era de 39 horas. Por exemplo, os horários de um estabelecimento de acolhimento de idosos(as) dependentes francês eram de 7h às 14h40; de 13h20 às 21h; de 21h às 7h. As equipes noturnas eram fixas. Um desses estabelecimentos na França chamava o cuidador que trabalhava à noite de *veilleur de nuit* (vigilante noturno). No Japão, o tempo de trabalho semanal era, formalmente, de quarenta horas, mas já vimos que os *care workers* faziam muitas horas extras não remuneradas. Trabalhavam em equipes que atuavam em sistema de rodízio, ou seja, por turnos, de dia e de noite.

A organização do tempo de trabalho dos(as) cuidadores(as) domiciliares (*home helpers*) também é muito diversa. Os(as) cuidadores(as) domiciliares brasileiros(as) trabalham o dia todo na mesma residência, com substitutos(as) à noite, de segunda-feira a sábado de manhã, ao passo que no Japão e na França trabalham fazendo de cinco a sete visitas por dia, a diferentes residências, entre as 8h e as 17h ou 18h, o que varia segundo o órgão prestatário.

Duas outras diferenças notáveis na organização do trabalho podem ser vistas nas comunicações escritas e nas reuniões de equipe. Nos dois casos, o objetivo é o mesmo: a comunicação entre as equipes na passagem de plantão. As comunicações escritas permitem registrar e lembrar as ocorrências referentes a cada hóspede.

As comunicações escritas são cotidianas e obrigatórias no Japão. O relatório escrito sobre cada hóspede é muito detalhado e demanda tempo. Em geral, esses relatórios são redigidos pelos(as) trabalhadores(as) nos estabelecimentos de acolhimento de idosos(as) dependentes japoneses depois do expediente, porque não conseguem encaixá-los em seu período de trabalho.

As reuniões de equipe são feitas todas as manhãs sob a coordenação do(a) chefe de equipe. Elas são rápidas (cinco a dez minutos), e cada um(a) relata os acontecimentos significativos ou ouve as instruções do(a) chefe da equipe. Na França, conforme os estabelecimentos de acolhimento de idosos(as) dependentes, as comunicações escritas são cotidianas, depositadas em uma "pasta". Um estabelecimento francês organiza uma reunião semanal, mas isso não é regra, como no Japão. Por fim, no Brasil, não há nem reuniões específicas dos(as) cuidadores(as) para comunicação nem obrigação de comunicação escrita.

O trabalho em equipe é muito presente nos estabelecimentos dos três países. Ao contrário do trabalho domiciliar, ele constitui o próprio modo de ação para cuidar dos beneficiários em instituição. Contudo, pode ou não desembocar na criação de um coletivo. Uma descrição esclarecedora do funcionamento do coletivo em um estabelecimento japonês é feita por um de seus responsáveis: "Elaboramos os planos de cuidado que realizamos em equipe", "refletimos todos juntos", trata-se de uma "abordagem de equipe" que se concretiza por "uma reunião por mês" para discutir ações a serem realizadas. Uma observação participante nessa instituição permitiu constatar que a cooperação é tão essencial que uma das frases mais pronunciadas é "vou me afastar" (daqui por um instante) seguida de um "tudo bem, sem problemas" de outro membro da equipe.

O trabalho em equipe também tem consequências para a divisão sexual do trabalho: no caso do Japão, em que os homens jovens constituem de 30% a 40% dos(as) cuidadores(as), é possível constatar que, como resultado desse trabalho em equipe, as funções são realmente mistas. Entretanto, a divisão sexual do poder continua inalterada, pois os postos de *leaders* e de chefes de equipe são majoritariamente ocupados pelos homens. No estabelecimento japonês mencionado, entre seis chefes de equipe, cinco eram homens, só uma era mulher, ao passo que as mulheres eram maioria no conjunto dos efetivos.

Inovações técnicas e sociais

As inovações técnicas e sociais no setor do cuidado são pouco estudadas na literatura especializada. No entanto, elas repercutem diretamente nas condições de trabalho dos(as) cuidadores(as) nos estabelecimentos e nos domicílios. Os raros estudos existentes (por exemplo, de Florence Degavre e Marthe Nyssens[19] ou de Dominique Argoud[20]) lançam mão das análises de Schumpeter sobre a inovação. Dominique Argoud, por exemplo, considera as novas formas de alojamento para pessoas idosas e declara, referindo-se a Schumpeter, que sua abordagem sócio-histórica lhe "permite confrontar todos os desafios e toda a dinâmica dos processos de destruição criativa característica das inovações no campo social"[21]. Esse argumento deixa de lado os(as) agentes sociais e a complexidade das relações sociais que participam de toda inovação. Ora, a inovação é uma questão importante na análise da divisão sexual

---

[19] Florence Degavre e Marthe Nyssens, "L'innovation sociale dans les services d'aide à domicile: les apports d'une lecture polanyienne et féministe", *Revue française de socio-économie* (RFSE), 2008.

[20] Dominique Argoud, "Les nouvelles formes d'habitat pour personnes âgées: approche sociohistorique d'une innovation", em Laurent Nowik e Alain Thalineau (orgs.), *Vieillir chez soi: les nouvelles formes de maintien à domicile* (Rennes, Presses Universitaires de Rennes, 2014), p. 47-59.

[21] Ibidem, p. 48.

102　*O cuidado: teorias e práticas*

e internacional do trabalho do cuidado. Em primeiro lugar, do ponto de vista histórico, as inovações técnicas e sociais podem alterar a divisão sexual do trabalho, induzindo novas formas de organização e de distribuição do espaço, do tempo e da sociabilidade. Em seguida, do ponto de vista das consequências para o trabalho, as inovações agem sobre o emprego e sobre o trabalho e podem modificar as relações sociais entre mulheres e homens. Podem, por exemplo, levar à supressão de postos de trabalho de mulheres considerados não qualificados e à criação de postos de trabalho qualificados para os homens. Finalmente, essas consequências são ainda mais importantes quando se trata do trabalho do cuidado: por ser um setor que emprega majoritariamente mão de obra feminina, tais inovações têm consequências diretas sobre a atividade e as condições de trabalho das mulheres, por exemplo quando se trata de levantar ou transportar peso.

Assim, as inovações técnicas envolvem sobretudo as modalidades de deslocamento das pessoas idosas (equipamentos para mudar de posição e passar da posição deitada para a sentada, ou da posição sentada para a vertical; equipamentos para deslocar um(a) idoso(a), sobretudo em caso de sobrepeso, de um lugar para outro, por exemplo). Para as mulheres, esses equipamentos representam um esforço físico menor; para os gestores, isso pode estar associado a uma redução de pessoal: o que antes era feito por dois cuidadores ou duas cuidadoras pode agora ser feito por apenas uma pessoa. Que eu saiba, não houve luta a favor da implementação dessas inovações, tampouco contra elas. Tal como ocorre nas inovações do setor industrial, constata-se a difusão de formas de inovação de um país para outro, por exemplo dos países nórdicos para o Japão, no caso da organização em "pequenas unidades" das pessoas idosas que têm Alzheimer.

Não encontrei – como seria de imaginar – inovações técnicas no Japão nos três estabelecimentos de acolhimento de idosos(as) em que realizei meu trabalho de campo. Também não constatei a presença de robôs substituindo *care workers*, como sugerem as mídias quando apresentam a robotização do cuidado às pessoas idosas no Japão. Só vi adaptações técnicas como banheiras (*ofuro*) com uma das laterais móveis para facilitar a entrada dos(as) idosos(as) no banho.

Na França, um dos estabelecimentos públicos de acolhimento de idosos(as) dependentes tinha verticalizadores para colocar tais idosos(as) em pé. Assim, uma só cuidadora podia proceder à higiene do(a) beneficiário(a) e deitá-lo(a) com a ajuda desse equipamento, o que era prático sobretudo à noite, quando o número de cuidadores(as) era reduzido. No Brasil, em um estabelecimento privado para pessoas abastadas, as cuidadoras podiam lançar mão de um equipamento que elas chamavam de "Jack", uma máquina-*transfer* que deslocava uma pessoa de mais de cem quilos sem precisar erguê-la.

As inovações que acabo de descrever, no entanto, não são muito difundidas nos três países. Os equipamentos são caros e, com o custo da mão de obra relativamente baixo, como no caso do Brasil, não há por que introduzir esses equipamentos maciçamente. Em Paris, São Paulo e Tóquio, o núcleo da profissão parece ainda ser o trabalho material, emocional e psicológico.

Inovações organizacionais: as "pequenas unidades" (*cantous*)

Do ponto de vista das inovações sociais, cabe mencionar a organização de espaços do cuidado para as pessoas que têm Alzheimer. Observei essa forma de organização em um estabelecimento de acolhimento de idosos(as) dependentes na França e no Japão. Trata-se de pequenas unidades de no máximo dez pessoas que são estimuladas a participar em diferentes atividades cotidianas (descascar legumes, dobrar peças de roupa lavadas e secas etc.) com os(as) auxiliares de enfermagem e os(as) auxiliares de vida.

Essas "pequenas unidades", no estabelecimento francês chamadas de *cantou* (nome de um canto perto da lareira nas casas da Provença), são raras na França, mas no Japão foram institucionalizadas e fazem parte das orientações do governo japonês em matéria de estruturas de acolhimento para pessoas idosas com Alzheimer, pois seu tamanho reduzido permite interações mais ricas entre beneficiários(as) e provedores(as) de cuidado. São adequadas na medida em que os pequenos grupos facilitam o cuidado não parcelado e especializado, um cuidado holístico, em que os(as) trabalhadores(as) são polivalentes na realização das tarefas (cozinhar, servir, limpar, arrumar etc.), recriando a atmosfera doméstica e também favorecendo a participação, quando possível, dos(as) próprios(as) idosos(as). Não vi esse tipo de inovação nos três estabelecimentos pesquisados no Brasil. A especialização das tarefas é regra no Brasil, e a divisão entre o trabalho do cuidado propriamente dito e os trabalhos de arrumação dificulta no país uma organização inovadora do tipo *cantou*. Em contrapartida, uma maior abertura para a polivalência dos(as) cuidadores(as) permitiu que esse tipo de experiência se desenvolvesse no caso dos dois estabelecimentos pesquisados, um na França e outro no Japão, com essa instrumentalização do modelo de trabalho doméstico, em que se observa concomitância e superposição das tarefas no tempo e não hierarquização e separação de atividades entre os(as) diferentes agentes.

No caso dos dois estabelecimentos observados, esse tipo de organização inovadora do cuidado tinha como consequência a intensificação do trabalho dos(as) cuidadores(as). Eles e elas precisavam encarregar-se do conjunto dos cuidados aos(às) beneficiários(as), da limpeza das áreas comuns do estabelecimento, do preparo de todas as refeições, que não eram incumbência de pessoas especializadas

104 *O cuidado: teorias e práticas*

como vi em outros estabelecimentos nos três países, mas faziam parte das responsabilidades dos(as) cuidadores(as). Esses(as) auxiliares de enfermagem e AMPs eram chamados(as) nesse estabelecimento de "donos(as) de casa". Assim, uma estrutura considerada mais adequada e inovadora para os pacientes com Alzheimer tinha como consequência uma degradação das condições de trabalho dos(as) cuidadores(as), que eram em grande maioria mulheres.

Por fim, a comparação internacional do trabalho do cuidado permite constatar, em contextos similares, influências recíprocas, apesar de haver modelos sociais muito contrastados. As influências passadas podem ser verificadas na organização em forma de *cantou* nos estabelecimentos que cuidam de pessoas idosas com Alzheimer. Esses *cantous*, chamados de *unit gata* no Japão, eram inspirados nos modelos europeus, especialmente nos países do Norte da Europa (Suécia), segundo o diretor de um estabelecimento de acolhimento de idosos(as) dependentes.

Inovações sociais na organização do cuidado domiciliar

Na Europa, foram realizadas pesquisas sobre as inovações sociais na organização do cuidado domiciliar. Penso, em primeiro lugar, nas pesquisas de Florence Degavre e Marthe Nyssens, da Universidade de Louvain, sobre as inovações sociais no cuidado familiar na região da Valônia. Elas se debruçam sobre os modos de organização socioeconômica no cuidado domiciliar prestado às pessoas idosas, em que "as figuras femininas são as agentes principais"[22] e mostram quais são os aspectos das relações de gênero que aparecem como fundamentais na dinâmica das inovações sociais. Visam, sobretudo, a uma nova articulação entre cuidado não mercantil (dos(as) cuidadores(as) familiares, tradicionais) e mercantil (a profissionalização mais recente do cuidado). Interrogam-se sobre os critérios de uma inovação social bem-sucedida nessa área: a inovação social no setor do cuidado domiciliar permanecerá inacabada e insatisfatória enquanto não forem discutidas as condições de reconhecimento do trabalho dos(as) cuidadores(as) da família. Por outro lado, do ponto de vista dos(as) trabalhadores(as) do setor do cuidado domiciliar, vimos que suas condições e remunerações também não permitem falar de inovação social bem-sucedida[23].

Sébastien Gand, Léonie Hénaut e Jean-Claude Sardas, por sua vez, realizaram uma pesquisa sobre as políticas de ajuda a familiares cuidadores(as) e a cuidadores(as) domiciliares na França analisando inovações técnicas como a instalação de alarmes,

---

[22] Florence Degavre e Marthe Nyssens, "L'innovation sociale dans les services d'aide à domicile", cit., p. 80.
[23] Ibidem, p. 95.

de elevadores nas casas, e a instauração de refeições entregues em domicílio etc.[24]. As inovações sociais analisadas pelos autores dizem respeito sobretudo à possibilidade de que os(as) ajudantes da família "respirem", pelo fato de serem substituídos por cuidadores(as) profissionais ou voluntários(as) que permitem aos familiares saírem do circuito do cuidado ou pelo fato de haver maior autonomia "voluntária" e "dinâmica" dos(as) idosos(as)[25]. Os autores mostram que as pessoas que ajudam os(as) cuidadores(as) da família geralmente são capazes de inovar, seja porque não têm modelo a seguir, uma vez que os serviços desse tipo estão apenas começando a se desenvolver e a se difundir, seja porque não dispõem de recursos para adotar soluções que tiveram resultado em outros lugares[26].

A forma de organização do trabalho dos(as) cuidadores(as) domiciliares está submetida à organização do conjunto da sociedade. Em São Paulo, onde é muito comum o emprego de trabalhadoras domésticas por semana ou por mês, os(as) cuidadores(as) domiciliares também são empregados(as) de segunda-feira ao meio-dia do sábado, de dia ou de noite, e muitas vezes de dia e de noite, desobedecendo à legislação vigente desde 2015 no Brasil. De modo muito diferente, os(as) cuidadores(as) domiciliares para idosos(as) em Paris ou em Tóquio vão a quatro ou cinco domicílios por dia e ficam de uma a duas horas em cada um para cuidar das pessoas idosas dependentes. Nunca ficam o dia todo ou a semana toda. Vão de uma residência a outra de metrô, em Paris, ou de bicicleta, em Tóquio.

A saúde no trabalho

Nas entrevistas realizadas nos três países, saltam aos olhos mais semelhanças que diferenças ao se compararem os problemas de saúde no trabalho mencionados. A única questão citada regularmente pelos(as) trabalhadores(as) do cuidado dos três países são as lombalgias, a dor nas costas, o lumbago (*yotsuu*) e às vezes também a "dor nas pernas" ("ficamos por muito tempo paradas em pé", diz uma das cuidadoras entrevistadas).

Os(as) cuidadores(as) citam com frequência o peso que têm de erguer – para levar os(as) idosos(as) ao banho, para ir ao banheiro, para pô-los(as) na cama. Mencionamos anteriormente quão raras são as máquinas que ajudam nessas manipulações. No Japão, assistimos à cooperação de um par de cuidadores(as) para erguer uma pessoa idosa dependente, mas, também, em um caso, vimos uma única

---

[24] Sébastien Gand, Léonie Hénaut e Jean-Claude Sardas, *Aider les proches aidants: comprendre les besoins et organiser les services sur les territoires* (Paris, Presses des Mines, 2014), p. 16.

[25] Ibidem, p. 22, p. 39 e seg.

[26] Ibidem, p. 39.

cuidadora levantar idosos(as) para transferi-los(as) da cadeira de rodas para uma poltrona e vice-versa.

Os responsáveis pelos estabelecimentos dos três países afirmaram não haver políticas ou ações preventivas referentes à saúde no trabalho. Um responsável japonês até fala em uma espécie de fatalidade associada ao tipo de trabalho, sendo a única solução a substituição dos(as) assalariados(as) afetados(as) de lombalgia por outros(as) mais jovens. É no mínimo muito problemático que uma questão de saúde tão recorrente nos três países não seja levada em conta por políticas ou ações preventivas nos próprios estabelecimentos e que apenas se substituam os(as) trabalhadores(as) desgastados(as) por outros(as) mais jovens e saudáveis...

Outros problemas de saúde foram mencionados nas entrevistas. Na França, os distúrbios musculoesqueléticos, a síndrome do túnel do carpo e as tendinites são evocados com muitíssima frequência. Vamos citar alguns excertos de entrevistas: "Problemas nas costas e no ombro"; "ao segurar um paciente, tive uma distensão no braço"; "dez meses em licença por perfuração do tendão"; "um problema na região do pulso reconhecido como doença profissional"; "estou esperando para consultar um cirurgião"; "muitas manipulações, há dois anos e meio, fisioterapias, infiltrações, anti-inflamatórios"; "próteses para sustentar o pulso".

Casos isolados também foram citados no Brasil: "Este braço está inchado por causa de todos os movimentos que faço [...] tenho muita dor, agora desceu para o dedo [...] tive de fazer muita força. Troco todo mundo sozinha, é muito difícil para mim" (Teresa, Brasil, cinquenta anos). Não houve menção a distúrbio musculo-esquelético no Japão. Aparentemente esse problema não é tão presente nesse país quanto na França e no Brasil como são presentes a lombalgia, a dor nas costas ou "na parte inferior das costas", como diz um cuidador entrevistado.

O estresse no trabalho também foi mencionado no discurso dos(as) cuidado-res(as) no Japão, relacionado à intensidade do trabalho o dia inteiro. Na França, essa intensidade foi considerada variável conforme o período do dia (maior de manhã), mas também era diferente conforme os estabelecimentos. No Japão, observamos jornadas de trabalho muito longas, das 16h até as 9h da manhã (de-zessete horas seguidas).

Os(as) cuidadores(as) domiciliares apontaram outros problemas relacionados às condições de trabalho com consequências para sua saúde, especialmente o uso de produtos tóxicos de limpeza doméstica, como o éter de glicol, sem falar nos inúme-ros acidentes domésticos. Cuidadoras domiciliares entrevistadas no Brasil também mencionaram acidentes, como a queda de uma pequena escada ao limpar a parte alta dos armários. Esse acidente não foi reconhecido como acidente de trabalho. Outra cuidadora domiciliar afirma ter tido um acidente vascular cerebral (AVC) depois de uma agressão verbal violenta por parte da dona da casa: declarada inapta para o trabalho, ela está desempregada desde o acidente. Outra, ainda, falou de dores no braço depois da agressão de uma pessoa idosa. As empregadas domésticas e as faxineiras brasileiras conquistaram direitos, no sentido de uma igualdade dos(as) trabalhadores(as) quanto aos acidentes de trabalho, mas a aplicação desses direitos está associada às relações de forças políticas, que, desde a chegada da extrema direita ao poder em 2019, não são favoráveis a essa categoria profissional.

Além desses problemas de saúde, o esgotamento físico e psíquico dos(as) cuidadores(as) domiciliares está relacionado às longas horas de cuidados às pessoas idosas, especialmente no Brasil, onde o(a) cuidador(a) domiciliar trabalha a semana toda, de segunda-feira de manhã até o meio-dia de sábado, muitas vezes sem poder gozar de férias, às quais, no entanto, têm direito.

TRABALHO E SUBJETIVIDADE

Por que abordar a questão da subjetividade para pensar o trabalho? Porque "a atividade de trabalho é produção de si", conforme afirma Danièle Kergoat, e não é possível "pensar o trabalho [...] sem levar em conta a subjetividade"[27]. Agora, por que abordar a questão da subjetividade para pensar especificamente o trabalho do cuidado? Porque a materialidade desse trabalho e seus aspectos técnicos são indissociáveis do trabalho emocional, dos afetos, que nele são mobilizados: o medo, a frustração, o sofrimento, a aversão, a impaciência, a ternura etc. A subjetividade é uma dimensão estruturante do cuidado como relação social.

A análise dos componentes subjetivos – não econômicos e não tecnológicos – da produtividade e do desempenho implica discutir as teorizações em torno do indivíduo e do coletivo, da relação entre o trabalho e a subjetividade e também as dimensões éticas (justiça/injustiça) e psicodinâmicas (sofrimento-prazer) do trabalho.

As dimensões subjetivas do trabalho e da atividade me pareceram centrais desde a primeira pesquisa realizada no Japão sobre o trabalho industrial. O capitalismo japonês, no interior do processo de trabalho, utilizava a pessoa, sujeito concreto e complexo desse processo, e não uma "força de trabalho" ou uma mão de obra homogênea e quantificável. Isso me levou a considerar centralmente a dimensão subjetiva constitutiva do trabalho. Nessa trajetória, meu interesse voltou-se para a psicopatologia do trabalho de Christophe Dejours, apresentada e discutida durante os seminários "Plaisir et souffrance dans le travail" [Prazer e sofrimento no trabalho]

---

[27] Danièle Kergoat, "Le rapport social de sexe: de la reproduction des rapports sociaux à leur subversion", *Actuel Marx*, n. 30, 2001, p. 89.

em 1986 e 1987[28]. De fato, a importância das relações intersubjetivas não mercantis na análise do trabalho é considerada na abordagem tanto das relações sociais de sexo como da psicodinâmica do trabalho. Estamos aqui diante de uma dupla ruptura. A primeira ruptura que faço diz respeito à análise da subjetividade operária remetendo a um sujeito coletivo[29]. Penso, por exemplo, nas análises da subjetividade operária como "subjetividade da classe operária", como a de Antonio Negri[30]: trata-se do movimento pelo qual "a subjetividade se desenvolve por meio da reapropriação da comunicação e da experiência da cooperação. Uma passagem em que a operação material de reapropriação é, ao mesmo tempo, momento da autoconsciência"[31]. Assiste-se à emergência de um sujeito, mas de um "sujeito social", como diz Negri, na tradição lukacsiana da "classe para si". A segunda ruptura que faço, adotando a perspectiva da psicodinâmica do trabalho, diz respeito à abordagem do sofrimento e do prazer no trabalho do ponto de vista exclusivamente de *job satisfaction,* de análise de atitudes mensuráveis segundo uma escala de satisfação e de não satisfação.

A psicodinâmica do trabalho postula que o sofrimento psíquico pode ter consequências sobre a economia, indicando concretamente como ele pode ser explorado em proveito da produtividade[32]. A explicação de um aumento da produtividade do trabalho pela emergência de um sujeito do medo e do sofrimento abre um novo caminho para pensar as relações entre organização do trabalho, subjetividade e ordem econômica.

Que contribuição pode trazer uma metodologia da comparação internacional à problemática do sofrimento e do prazer no trabalho? Tentei responder a essa questão com base nas entrevistas semidiretivas com uma centena de assalariados(as) brasileiros(as), franceses(as) e japoneses(as), conferindo um espaço privilegiado à questão do sofrimento e do prazer no trabalho, em uma pesquisa realizada no início dos anos 1990 na indústria do vidro[33].

---

[28] Cf. Christophe Dejours (org.), *Plaisir et souffrance dans le travail,* tomos 1 e 2 (Paris, Éditions de l'AOCIP, 1987). Essas atas foram republicadas na revista *Travailler*, Paris, n. 35 (parte I), 2016, e n. 37 (parte II), 2017.

[29] Não estou ignorando o conceito heurístico de "defesas coletivas" da psicodinâmica do trabalho, como se verá pelo exemplo que se segue, em que a subjetividade é atribuída a uma classe social, tendo o "sujeito coletivo" uma conotação completamente diferente.

[30] Antonio Negri, "Produzione antagonistiche di soggettivita", em *Fine secolo: un manifesto per l'operaio sociale* (Milão, Sugar, 1988).

[31] Ibidem, p. 146.

[32] Cf. Christophe Dejours (org.), *Plaisir et souffrance dans le travail*, cit., tomo 1, p. 18.

[33] Cf. Helena Hirata, *Paradigmes d'organisation industrielle et rapports sociaux: comparaison Brésil--France-Japon à partir du cas de l'industrie du verre* (Paris, Iresco, 1992). Cf. também Helena Hirata e Danièle Kergoat, "Rapports sociaux de sexe et psychopathologie du travail", *Travailler*, Paris, n. 37, 2017, p. 198 e seg.

Por que mencionar aqui essa pesquisa sobre a indústria do vidro? Em que medida ela pode introduzir a pesquisa sobre o trabalho do cuidado no setor de serviços? Em primeiro lugar, trata-se de se interessar pela relação entre subjetividade e trabalho, por um lado, no setor industrial e, por outro, no setor de serviços às pessoas. Em seguida, trata-se, nos dois casos, de uma comparação entre o Brasil, a França e o Japão, e é importante entender as diferenças e as similaridades entre os países em dois ramos muito distintos. Essa comparação pode elucidar as relações entre trabalho e subjetividade quando se trata da produção de artefatos e de relações interindividuais.

Pude constatar na indústria do vidro que, apesar das diferenças sociais e a despeito das condições muito contrastadas de exercício do trabalho profissional, a relação com o trabalho do ponto de vista do sofrimento (o trabalho por turnos, o trabalho noturno) e do prazer (interesse pelo trabalho, o trabalho bem-feito) remete com frequência às mesmas razões, ao menos para uma mesma categoria de pessoal (operários que trabalham nas máquinas I.S. – máquinas de fabricação de garrafas – nos três países). Se, por um lado, o prazer de trabalhar o vidro foi expresso pelos operários qualificados em postos de fabricação dos três países, por outro os do setor denominado "frio" (longe da fusão e da fabricação do vidro), considerados não qualificados e que fazem o controle de qualidade ou a embalagem manual (no Brasil e na França), não se expressavam desse modo, destacando mais os problemas relacionados ao medo do desemprego em razão da automatização acelerada desse segmento do processo de produção e da insatisfação quanto ao conteúdo do trabalho repetitivo e sem interesse (os operários japoneses encarregados da triagem não puderam ser entrevistados por pertencerem a empresas subcontratadas). Entretanto, nos três países, mesmo os que afirmavam ter prazer no trabalho não queriam essa profissão para os filhos. Quanto às práticas defensivas, foi possível identificá-las na negação do risco associado a funções particularmente perigosas (no Brasil) e na reticência a tirar folgas, com consequências previsíveis para a saúde e também para a produtividade (na França). Por fim, a pergunta sobre o sofrimento evocou imediatamente, para as operárias – no Brasil, havia mulheres no setor de embalagem das garrafas –, as dificuldades econômicas e a precariedade das condições de vida. Embora os homens brasileiros enfrentassem as mesmas dificuldades, estas só foram mencionadas pelas mulheres entrevistadas.

Quanto aos estereótipos sexuais, às identidades sexuais e às representações sociais da virilidade e da feminidade, eles são utilizados na gestão da mão de obra no setor do vidro, no qual realizei essa pesquisa comparativa em 1990-1991. A execução de trabalhos perigosos, pesados ou insalubres ("é só para homens e é preciso ser Homem com H maiúsculo") está relacionada a essas representações dos sexos. Foram estudados mais particularmente os estereótipos sexuais associados à divisão hierarquizada entre o setor quente (nobre) e o setor frio (menos nobre). Essa divisão cristalizou-se no sentido simbólico e de estereótipos sexuais, por exemplo, pelo fato de a dúvida sistemática sobre a virilidade dos homens que trabalhavam no setor frio ter se expressado frequentemente durante as primeiras décadas do século XX. Essa herança histórica desse ramo é importante e deve ser levada em consideração, uma vez que pode frear as experiências de mudança na organização do trabalho. É o caso dos serviços à pessoa e do trabalho profissional do cuidado, mais recentes que ramos industriais como o da produção de vidro (a Manufatura Real de Vidros e Espelhos, origem do grupo Saint-Gobain, fabricou os espelhos para o Palácio de Versalhes no século XVII). A adoção de novos paradigmas necessitaria, no escopo da indústria do vidro, da supressão da divisão, não apenas material e técnica, mas também simbólica, entre um setor menos "nobre" do condicionamento e do controle de qualidade ("frio") e um setor "nobre" de fabricação ("quente"). Essa divisão sexual do trabalho na indústria do vidro, entre o setor nobre masculino e o setor menos nobre feminino, também se encontra no trabalho do cuidado, mas é o conjunto do setor do cuidado que é desvalorizado monetária e simbolicamente.

A relação subjetiva com o trabalho

As questões da relação subjetiva com o trabalho no cuidado e do trabalho emocional e dos afetos desenvolvidos para realizar essa atividade situam-se, portanto, em um âmbito muito diferente daquele do trabalho industrial que acabamos de mencionar. O racismo no trabalho, por exemplo, aparece nos discursos dos(as) cuidadores(as) como uma das fontes importantes de sofrimento. No âmbito do trabalho industrial, pode haver racismo também, mas ocorre entre os(as) colegas da equipe de trabalho e não entre o(a) operário(a) e seu objeto de trabalho, uma vez que não há uma relação interpessoal entre o sujeito e o objeto do trabalho (a mercadoria).

Outra diferença refere-se às relações sociais de sexo: a relação subjetiva com o trabalho não é a mesma quando se trata dos operários homens ditos não qualificados na indústria do vidro e das cuidadoras mulheres no trabalho do cuidado. Os primeiros dizem que não gostam de seu trabalho, sujo e perigoso; as últimas dizem que gostam de seu trabalho. Vimos que, embora o prazer de trabalhar o vidro tenha sido manifestado pelos operários qualificados, aqueles considerados não qualificados destacavam mais os problemas relacionados ao temor do desemprego, por causa da automatização acelerada daquele segmento do processo de produção, e a insatisfação com o conteúdo sem interesse do trabalho. Quanto às trabalhadoras do cuidado, embora tenham falado das dificuldades associadas a sua atividade, que exigia atenção e responsabilidade, nunca mencionaram um conteúdo de trabalho repetitivo ou desinteressante. A relação intersubjetiva com um(a) beneficiário(a) do cuidado implica um frente a frente singular que pode ser difícil, mas essa relação social nunca é sentida como um trabalho repetitivo.

Lembremos outra diferença significativa: no trabalho do cuidado não se pode abordar a questão da relação subjetiva com o trabalho sem uma referência (positiva ou negativa) ao discurso sobre o amor. O discurso da "distância certa", que consiste em preservar a relação beneficiário(a)-provedor(a) de cuidado de qualquer apego ou afeto, aparece com frequência nas entrevistas com os(as) cuidadores(as) na França e no Brasil. É o que diz, por exemplo, Eduardo, auxiliar de enfermagem de uma Ilpi brasileira:

> Nessa área da saúde, não podemos nos apegar muito. Senão, se acontece alguma coisa com um deles, se nos apegamos muito, você não consegue cuidar [...] é lógico que não vou ser uma máquina, é lógico que tenho sentimentos. Vou ter sentimentos por essa pessoa, mas preciso pensar que há outras que também precisam [de mim].

Preservar essa distância, essa "neutralidade" com relação aos(às) beneficiários(as), aliás, faz parte da formação profissional dos(as) cuidadores(as). A posição teórica de Pascale Molinier sobre essa questão é clara: o amor e o afeto são componentes inevitáveis do cuidado[34]. O afeto implica confronto e dissensão entre classes e categorias socioprofissionais, com a oposição entre o ponto de vista dos dirigentes (distância e não apego) e o dos(as) cuidadores(as), que realizam esse "trabalho do amor" e falam dele. Estou de acordo com a posição que dá todo o espaço ao discurso dos(as) próprios(as) cuidadores(as), sendo que eu mesma encontrei esse discurso sobre o amor e o apego pelos(as) beneficiários(as) do cuidado (cf. anteriormente). O que intriga, entretanto, é que os(as) cuidadores(as) brasileiros(as) e franceses(as) falam em amor, mas não os(as) japoneses(as). É fato que, mesmo nas relações amorosas no Japão, quase nunca esse sentimento é mencionado, sobretudo em público; então, forçosamente o "amor" que se possa ter por outro ser em uma situação de trabalho parece dificilmente passível de ser exprimido. É preciso, portanto, levar em consideração as diferenças culturais na expressão do sentimento amoroso. No Japão, os(as) cuidadores(as) falam mais do amor à profissão, do prazer de trabalhar com as pessoas idosas que lembram os avós, que da relação afetiva com os(as) beneficiários(as) do cuidado.

O afeto também é visto como consequência inevitável do trabalho do cuidado para os(as) cuidadores(as), mas fundamentalmente marcado pela ambivalência. A

---

[34] Cf., por exemplo, Pascale Molinier, *Le Travail du* care (Paris, La Dispute, 2020), p. 47 e seg.

O cuidado: teorias e práticas

centralidade do afeto no cuidado é expressa por Fábio, cuidador de 24 anos, com diploma de enfermeiro no Brasil, mas que trabalha como cuidador domiciliar:

> Esse setor é realmente apaixonante [...]. A pessoa idosa precisa de atenção, precisa de ternura, de amor, isso me fascina, é justamente o que eu posso dar e que constitui o déficit do trabalho de enfermagem no Brasil, essa ternura, essa vontade de ficar junto, porque, pensando bem, o salário não compensa ficar dezesseis horas fora de casa todas as noites[35] (doze horas de trabalho mais quatro de transporte)... E, queiramos ou não, em tudo isso há amor, há ternura, independentemente do salário.

Nesse excerto de entrevista, encontra-se uma série de questões-chave atinentes ao trabalho do cuidado: o conflito, especialmente no Brasil, entre o trabalho de enfermagem e o trabalho do cuidado; a centralidade do afeto nesse trabalho, a associação entre *gold and love*[36] (ouro e amor) que Viviana Zelizer[37] analisa como estruturante na "economia das relações sociais íntimas".

Quanto ao sofrimento no trabalho na profissão do cuidado, especialmente relacionado ao racismo por parte dos(as) idosos(as) ou de suas famílias, ele pode ser, de modo geral, comparável ao sofrimento sentido em outras profissões do setor de serviços para as pessoas. É preciso destacar, no entanto, especificidades concernentes ao sofrimento associado ao assédio sexual de que foram vítimas, entre as entrevistadas, uma auxiliar de enfermagem, uma AMP ou uma auxiliar de vida. De fato, a especificidade do assédio sexual no contexto de um estabelecimento de acolhimento de idosos(as) consiste, conforme identificou com propriedade Pascale Molinier[38], na vulnerabilidade do assediador. O assédio sexual ocorre em um contexto em que o(a) beneficiário(a) dos cuidados com frequência não está de posse de todos os atributos cognitivos e físicos, o que não impede a cuidadora de reagir, como constatamos por ocasião de uma entrevista com uma cuidadora japonesa pega de surpresa (cf. mais à frente).

A morte da pessoa de quem um(a) cuidador(a) está se ocupando também constitui um sofrimento específico do(a) trabalhador(a) do cuidado. Entretanto, a propósito dessa causa de sofrimento e de outras, não é raro ouvir os(as) cuidadores(as) relativizarem sua dor.

---

[35] Fábio trabalha à noite como cuidador domiciliar.

[36] Arlie Russell Hochschild, "Love and Gold", em Barbara Ehrenreich e Arlie Russel Hochschild (orgs.), *Global Woman: Nannies, Maids and Sex Workers in the New Economy* (Nova York, Metropolitan Books, Henry Holt and Company, 2002).

[37] Viviana A. Zelizer, "L'économie du *care*", *Revue française de socio-économie*, 2008, p. 13-25.

[38] Refiro-me aqui a uma argumentação de Pascale Molinier por ocasião do debate sobre o trabalho do cuidado organizado nas oficinas *Travail et Démocratie* em Paris, em 15 de abril de 2019.

Mas, ouça, falando sinceramente, não sofro muito porque amo minha profissão, sabe? Ahn, eu me adaptei e me adapto a cada residente [...] fico à sua escuta [...]. (Sandra, auxiliar de enfermagem, Paris)

A noção de adaptação constante é, aliás, mencionada por Julie (auxiliar de enfermagem, Paris) para destacar a especificidade do trabalho do cuidado:

Quanto a mim, o que me faz sofrer [riso] é ser estapeada, levar tapa [ela bate as mãos uma na outra], não suporto levar bofetada, e, bem, há idosos que não têm respeito de jeito nenhum [...] dizem "você está aqui para fazer isso, você é paga para isso".

Milton (cuidador, São Paulo), por sua vez, destaca mais a dificuldade da relação com as famílias:

O mais difícil não é tanto cuidar da pessoa idosa, mas a família [...] às vezes cria atritos [...] por causa do jeito de vestir a pessoa ou de lhe dar comida [...] com o tempo as coisas mudam conforme as carências do próprio idoso [...] por exemplo, a família não entende que com o tempo os idosos passam a ter dificuldade para deglutir [...]

De maneira geral, a relação com o outro, da pessoa idosa para com o(a) cuidador(a) ou do(a) trabalhador(a) do cuidado para com o(a) beneficiário(a), pode ser considerada uma relação de apego, mas mediada pelo trabalho, o que a faz ser marcada pela ambivalência. As teorias psicológicas do apego de John Bowlby[39], embora se refiram à relação mãe-filho e mostrem sobretudo que o apego é necessário para o desenvolvimento da criança, são úteis para esclarecer a relação de afeto e o vínculo físico entre beneficiário(a) e provedor(a) no trabalho do cuidado. A ideia de que o apego provoca, como reação, um comportamento de cuidado[40] é elucidativa nesse caso, uma vez que o(a) provedor(a) traz uma resposta em termos de relação de cuidado e de proteção ao beneficiário ou à beneficiária, "até mesmo de relação de serviço"[41].

Da parte da sociologia do trabalho e do gênero, observa-se manifestamente um interesse crescente pela análise da subjetividade, do afeto e do trabalho emocional. Embora os trabalhos pioneiros de Christophe Dejours[42] tenham revelado a importância do tema "subjetividade e trabalho" e tenham influenciado, já no início dos

---

[39] Cf. John Bowlby, *Attachement et perte* (Paris, PUF, 2007 [2002]), 3 v.

[40] Cf. Christophe Dejours, "Les rapports domestiques entre amour et domination", *Travailler*, Paris, n. 8, 2002, p. 32 e seg.

[41] Ibidem, p. 34.

[42] Idem, *Travail: usure mentale* (nova edição aumentada, Paris, Bayard, 1993 [1980]).

114 *O cuidado: teorias e práticas*

anos 1990, os sociólogos do trabalho[43], foi só em anos recentes que a sociologia francesa se abriu – graças às pesquisas sobre o trabalho do cuidado – para acolher a obra de Arlie Hochschild[44]. Ela foi uma das primeiras a incorporar a dimensão das "emoções" à análise do trabalho e a dar início à "sociologia das emoções".

A relação com cada ser singular do qual se ocupam está no centro do trabalho dos(as) cuidadores(as). O controle das emoções do qual fala Arlie Hochschild[45] deve ser feito em especial a fim de "chegar realmente [...] de bom humor" ao trabalho para responder às expectativas dos(as) beneficiários(as) do cuidado.

> É o contato com cada residente – ela tem uma vida pessoal, alguma coisa para contar. Quando chego à noite, ficam contentes porque têm coisas para me contar [...] então sempre é divertido e depois, nós mesmas, isso nos estimula a ficar de bom humor [...]. Não posso [suspiro] gosto da minha profissão [...] claro que há momentos em que é difícil, não pense que não é duro, não, mas, ahn [silêncio], temos de lidar com isso [...] porque não é culpa deles se estão doentes, são idosos, se têm algum problema, da cabeça. (Sandra, auxiliar de enfermagem, Paris)

Deve-se mencionar também os limites do trabalho emocional, do domínio das emoções: como é possível controlar, de fato, o funcionamento psíquico, os sonhos, os distúrbios do sono?

> No dia seguinte, ela morreu, a senhora, isso me... com frequência sonho com ela [...]. Isso (o que me aconteceu) me marcou [...] Naquele dia, um colega disse que a sra. X não estava bem [...] ela não largou meu braço, até que partiu tranquilamente [...] Sua filha quis saber. Ela ficou contente (por eu estar com a mãe). Depois fiquei em estado de choque. Eu não estava bem. Fiquei deprimida. Uma crise de angústia. Dois dias depois, melhorei. Isso me marcou muito. (Sandra, auxiliar de enfermagem, Paris)

A relação subjetiva com o trabalho do cuidado e o apego dos(as) cuidadores(as) se manifestam de maneira particular por ocasião do falecimento dos(as) idosos(as). As consequências do trabalho do cuidado – que implica, portanto, um vínculo forte com a doença e a morte – sobre a saúde mental e psíquica da pessoa que o exerce tornam-se particularmente evidentes pelas respostas à nossa pergunta: "Há algum fato inesquecível, alguma coisa que marcou você em sua vida de trabalho?". São mencionadas então a depressão e a angústia sentidas principalmente quando se trata

---

[43] Cf. a citação de Danièle Kergoat à p. 107.

[44] Arlie Russel Hochschild, "Emotion Work, Feeling Rules, and Social Structure", *American Journal of Sociology*, v. 85, n. 3, 1979, p. 551-75. Cf. também, da mesma autora, *Le Prix des sentiments: au cœur du travail émotionnel* (Paris, La Découverte, 2017).

[45] Idem, "Emotion Work, Feeling Rules, and Social Structure", cit.

de idosos(as) com quem foi compartilhada uma experiência de vários anos, o que é frequente. São lembranças que marcam e que se assemelham a um trabalho de luto.

A relação subjetiva com o trabalho desperta também um sentimento de culpa. Assim, muitos anos depois, os(as) cuidadores(as) de uma instituição pública de longa permanência de pessoas idosas dependentes na França lembram-se ainda do desaparecimento de um residente com doença de Alzheimer que saíra da propriedade enganando o sistema de vigilância. Nunca mais o encontraram: "Não vigiamos o suficiente. Não há código no elevador, nem na porta de saída", afirma uma auxiliar de enfermagem desse estabelecimento parisiense. Do mesmo modo, em uma instituição semelhante em Tóquio, no Japão, o pessoal ainda se lembrava do suicídio de um dos pacientes idosos, que se jogara do segundo andar havia muitos anos: "Foi falta de vigilância. Ele se jogou pela janela na nossa presença e não pudemos fazer nada", conta um auxiliar de vida.

A culpa faz parte das emoções incontroladas do exercício do trabalho do cuidado, e a morte por suicídio dos(as) idosos(as) dependentes pode ser incluída entre esses sentimentos morais que não são apagados com o tempo. A relação com o trabalho que se depreende deste capítulo com base nas citações dos(as) cuidadores(as) entrevistados(as) mostra a importância da subjetividade na relação social de cuidado.

Trabalho do cuidado e sexualidade

Pascale Molinier mostrou como a sexualidade faz parte da atividade do trabalho e das competências profissionais do pessoal da área do cuidado[46]. A esse respeito, ela cita o caso do sr. Georges, que tinha demência senil. Esse paciente se acalmava apenas no momento de sua higiene ou da troca de roupa de cama e só parava de se agitar se a cuidadora o deixasse tocar em uma zona erótica de seu corpo, que era diferente conforme a pessoa: "[...] beijinhos no pescoço, mãos nas nádegas, em torno da cintura e até tentativa de tocar nos seios de uma matrona robusta"[47]. Longe de ser excepcional, esse comportamento é comum e recorrente, segundo a autora, nas instituições para idosos(as). Nesse contexto, seria o cuidado "correto" aceitar os avanços do senhor, uma vez que são bem circunscritos? Seja como for, essa aceitação bem controlada deverá ser discutida no coletivo de trabalho e fazer parte das normas de trabalho aceitas (ou não) pelo conjunto de trabalhadoras e trabalhadores.

As características do trabalho do cuidado que acabamos de mencionar e a relação existente entre sexualidade e cuidado mostram a complexidade desse tipo de trabalho

---

[46] Pascale Molinier, "Quel est le bon témoin du *care*?", em Pascale Molinier, Sandra Laugier, Patricia Paperman (orgs.), *Qu'est-ce que le* care?, cit.

[47] Ibidem, p. 237.

116   O cuidado: teorias e práticas

e a dificuldade em apreender as fronteiras que delimitam suas diferentes dimensões: o amor, a afetividade e as emoções não são exclusivamente da esfera das famílias, e o cuidado, a habilidade e as técnicas não pertencem apenas às trabalhadoras da área. A sociologia das emoções pode ser convocada para trazer um enfoque útil à análise do cuidado. Quanto a Pascale Molinier, ela enfatiza a invisibilidade do trabalho do cuidado que recorre a "habilidades discretas". Embora pareça menos problemático separar desejo sexual e velhice de um lado, e sexualidade e competências profissionais de outro, é impossível eliminar essa dimensão sexual que, na verdade, é constitutiva das relações de cuidado em instituição ou em domicílio. A esse respeito, interroguei especialmente, no Brasil, uma cuidadora domiciliar com trinta anos de vida profissional. Ela mencionou manifestações involuntárias de homens idosos em ereção na hora do banho ou manifestações explícitas de pedidos de satisfação sexual por parte de mulheres idosas. Embora seja comum separar desejo e velhice de um lado e sexualidade e competências profissionais de outro, essas conexões parecem então inevitáveis quando se trata da análise do trabalho de cuidado, seja ele realizado em instituições, seja realizado em domicílio, como no caso mencionado. Vou ao encontro, portanto, das análises de Pascale Molinier, que, a partir de exemplos concretos como o do sr. Georges, mostra, por um lado, até que ponto o trabalho do cuidado e a criação de coletivos dependem desse tipo de interação que integra expressões da sexualidade e, por outro, revela que responder aos pedidos do(a) beneficiário(a) do cuidado pode fazer parte do exercício do ofício e de sua construção profissional e coletiva.

Com base em pesquisas sobre as cuidadoras domiciliares que migraram para Buenos Aires e sobre o trabalho, com frequência *dirty work* [trabalho sujo][48], concretamente realizado junto de pessoas idosas, Natacha Borgeaud-Garciandía[49] aborda o problema: "Assistir um homem ou uma mulher é a mesma coisa?". Nessa abordagem, ela faz uma série de perguntas concretas, por exemplo: como reagir diante de diferentes gestos sexuais, que às vezes podem coisificar o corpo da prestadora de cuidado, criando uma situação degradante? Porém, pode-se também indagar, como

---

[48] Cf. Everett Hughes, "Social Role and Division of Labour", *Midwest Sociologist*, n. 17, 1956, e "Work and Self", em John Roher e Muzafer Sherif (orgs.), *Social Psychology at the Crossroads* (Nova York, Harper and Bro, 1951), traduzidos para o francês em *Le Regard sociologique* (Paris, EHESS, 1996). Esse conceito de Everett Hughes, surgido nos anos 1950, foi retomado, na França, pela sociologia do trabalho e em seguida pelas teóricas do cuidado, como Pascale Molinier, a partir de meados dos anos 2000, na medida em que ele destaca uma característica central da atividade do cuidado que é, ao mesmo tempo, ocultada na descrição idealizada que se faz dela. Cf. por exemplo o dossiê "Sale boulot, boulot sale", publicado na revista *Travailler*, n. 24, 2010.

[49] Natacha Borgeaud-Garciandía, "Le *care* à demeure: une approche du travail des *cuidadoras* migrantes à Buenos Aires", *Travailler*, Paris, n. 28, 2012, p. 75-100.

Anne Marché-Paillé[50], em que medida as reações aos gestos sexuais permitem uma simbolização e um reinvestimento no trabalho.

Em associação com esses pontos de vista teóricos que integram subjetividade, corpo sexuado e emoções na análise dessa forma de trabalho, apresentarei alguns resultados de pesquisa sobre a teoria e a prática do cuidado sob uma perspectiva comparativa. Em primeiro lugar, observei que a culpa pode estar, em alguns casos, diretamente relacionada à sexualidade. Interroguei no Japão uma jovem cuidadora de 21 anos que se sentia responsável pela queda de um idoso que "tinha feito mão boba" na hora em que ela ia lhe dar banho.

> Um acidente. Deixei o hóspede escorregar na hora do banho. Levei um susto enorme. Era um hóspede que gostava de ficar apalpando, mas ele não fazia isso por mal. Acho que tinha suas razões. Difícil fazer esse trabalho (*kaigo*). (Sueko, cuidadora [*kaigo fukushishi*] em Tóquio, 21 anos)

Esse episódio, que ocorreu durante os primeiros meses de trabalho da jovem cuidadora – sendo que na época ela tinha namorado, conforme explicou –, remete à questão suscitada por Molinier e que mencionei anteriormente a respeito da maneira "correta" de praticar o cuidado e da competência profissional exigida por uma situação que envolve uma forma de sexualidade, tanto da parte do(a) cuidador(a) como da parte do(a) beneficiário(a) do cuidado. Deixar cair o idoso de quem se está cuidando não prova que seria necessária uma qualificação para essa função, mas não se pode obrigar a cuidadora a aceitar o assédio sexual do homem sob o pretexto de que ele tem problemas cognitivos e de autodomínio.

Saber reagir a uma situação imprevista é prova de qualificação, o que os sociólogos do trabalho chamam de "qualificação tácita", como na indústria de processo contínuo ou na aeronáutica, em que a qualificação dos(as) trabalhadores(as) é demonstrada na prova da imprevisibilidade, pois durante as longas horas de rotina nada acontece. Conforme diz Sandra (auxiliar de enfermagem em Paris, 52 anos):

> Ahn, é preciso saber reagir, não podemos ter uma atitude bruta, precisamos explicar que estamos aqui, em uma situação de respeito, eles não podem fazer isso [...] temos aqui um homem que realmente [...] nos fala de maneira inconveniente, nos diz coisas, e é preciso repreendê-lo, dizendo que não, que estamos ali para ajudá-lo, não para sermos apalpadas ou tocadas. O senhor deve me respeitar assim como eu devo respeitar o senhor. Mas, sabe, isso acontece, é a vida.

---

[50] Anne Marché-Paillé, "Le dégoût dans le travail d'assistance aux soins personnels, s'en défendre mais pas trop", *Travailler*, Paris, n. 24, 2010, p. 4.

O cuidado: teorias e práticas

É necessário, então, pensar em vincular a experiência traumatizante de Sueko à formação que essa profissão do cuidado requer. Todas as profissionais entrevistadas, em todos os países, afirmaram que na formação não havia nenhum módulo que incluísse a questão da sexualidade nessa profissão. Entretanto, houve cuidadoras, na França, que propuseram uma alternativa, que também é mencionada por Molinier: relatar o que aconteceu e debater o assunto nas reuniões do coletivo de trabalho. O "consentir" poderia fazer parte do "fazer" discreto. Assim, Molinier destaca a importância do coletivo para construir "acordos normativos". O papel do grupo, para discutir e pensar as soluções adequadas diante dessa irrupção da sexualidade no trabalho do cuidado, parece fundamental – mas essas discussões de grupo raramente ocorrem nas instituições. Na solidão do trabalho realizado em domicílio, a questão da sexualidade é mais delicada ainda[51].

A meu ver, a teoria da sexualidade de Dejours[52] e a teoria da divisão sexual do trabalho de Kergoat[53] podem ser combinadas para se apreender o trabalho em seu funcionamento psíquico e, inversamente, para captar as funções psíquicas que operam na divisão sexual do trabalho. A análise do exercício da profissão do cuidado, sobretudo em razão de sua complexidade, permite esclarecer a concepção dessas inter-relações e entender o lugar da sexualidade na atividade de trabalho, em nível tanto dos determinantes da qualificação quanto das competências ou das questões identitárias que envolvem os(as) provedores(as) de cuidado e seus e suas beneficiários(as). Trata-se de uma pista de pesquisa ainda pouco explorada, pois a sexualidade raramente é abordada na literatura sobre a profissão do cuidado na França, no Brasil ou no Japão[54].

---

[51] Cf. a esse respeito Natacha Borgeaud-Garciandía, "Le *care* à demeure ", cit.

[52] Cf. especialmente Christophe Dejours, "Les rapports domestiques entre amour et domination", cit., e *Travail vivant,* tomo 1: *Sexualité et travail* (Paris, Payot, 2012).

[53] Cf. em especial Danièle Kergoat, "Le rapport social de sexe", cit., e *Se battre, disent-elles...* (Paris, La Dispute, 2012).

[54] Quanto a algumas raras exceções na França e no Brasil, cf. Helena Hirata e Natacha Borgeaud-Garciandía, "Tacto y tabú: la sexualidade en el trabajo de cuidado", *Sociología del Trabajo,* n. 90, 2017.

Conclusão

Centralidade política do trabalho das mulheres e do cuidado

Dez anos depois da controvérsia política em torno da "sociedade do cuidado" na França, em 2010, a "perspectiva do cuidado", preconizada pela *école française des études de* care[1], tornou-se atual – especialmente como resultado do reconhecimento, suscitado pela pandemia, da vulnerabilidade como característica de todo ser humano. A perspectiva do cuidado, com a centralidade que ela confere à "preocupação com os outros", é hoje uma alternativa de sociedade. Nesta conclusão, quero destacar essa centralidade do cuidado e vinculá-la à centralidade política do trabalho das mulheres. Conforme escrevem Marie Garrau e Alice Le Goff:

> [a] questão é saber o que significaria para as sociedades contemporâneas o fato de levar a sério e de integrar a nossas concepções da boa sociedade os valores do cuidado, que são a deferência, a responsabilidade, a compaixão ou a atenção às necessidades dos outros.[2]

Vamos retomar, para começar, os elementos essenciais que se depreendem a esse respeito deste livro e da pesquisa em que ele se baseia.

Além das grandes diferenças entre o Brasil, a França e o Japão, tanto por seu nível de desenvolvimento econômico e tecnológico quanto por sua história sociopolítica e cultural, esses três países estão diante do envelhecimento rápido e significativo de sua população e da necessidade de lidar com ele. De fato, paralelamente, nesses países a mão de obra gratuita das mulheres está se tornando mais rara, pois elas

---

[1] Cf. a esse respeito a nota 4 do capítulo 1.

[2] Marie Garrau e Alice Le Goff, Care, *justice et dépendance: introduction aux théories du* care (Paris, PUF, 2010), p. 68-9.

120 *O cuidado: teorias e práticas*

estão cada vez mais presentes no mercado de trabalho e, portanto, não podem se dedicar às pessoas dependentes de sua família. Esse duplo fenômeno engendra "a crise do cuidado".

Deve-se notar, entretanto – e é uma das controvérsias atuais nesse setor – que nas classes populares, nos grupos racializados, em alguns países ditos "subdesenvolvidos", nunca houve crise do cuidado, como bem mostra Evelyn Nakano Glenn[3]: "Na realidade", diz ela, "essa suposta 'nova' crise do cuidado nada tem de novo para as famílias da classe operária ou para as famílias não brancas"[4]. Por um lado, portanto, hoje essa crise só emerge como uma questão pública na medida em que as famílias das classes médias são afetadas. Nas famílias pobres e racializadas, as mulheres continuam garantindo o tempo todo o trabalho doméstico gratuito e, fora, uma renda para a casa. Por outro lado, a "crise do cuidado" não pode ser resolvida, segundo Nancy Fraser[5], sem mudanças estruturais em nível social – "uma transformação profunda de nossa ordem social"[6] –, uma vez que ela não é unicamente "a do cuidado, mas a da reprodução social no sentido amplo"[7]. Na verdade, a centralidade do trabalho das mulheres é tanto quantitativa, pela inserção maciça das mulheres no mercado de trabalho, quanto qualitativa, pois seu investimento também é essencial para o trabalho reprodutivo e pelo fato de serem amplamente majoritárias nas profissões de produção e de reprodução da vida, as profissões do cuidado.

Tal argumento permite colocar em perspectiva os resultados da pesquisa. Esse envelhecimento da população, por um lado, e a inserção cada vez maior das mulheres no mercado de trabalho, por outro, tiveram então como consequência o desenvolvimento das profissões relacionadas ao cuidado, a mercantilização e a terceirização crescentes desse trabalho. Esta obra interessou-se por essas trabalhadoras remuneradas que cuidam particularmente dos(as) idosos(as) na França, no Brasil e no Japão. A centralidade das mulheres nesse trabalho, no passado de modo gratuito e hoje cada vez mais profissionalizadas, pode ser observada tanto nas instituições quanto em domicílio, tanto gratuitamente quanto como atividade remunerada. Os(as) principais agentes do cuidado (exceto os(as) auxiliares de vida e os(as) cuidadores(as) domiciliares) – Estado, mercado, família, comunidade –

---

[3] Evelyn Nakano Glenn, "Le travail forcé: citoyenneté, obligation statutaire et assignation des femmes au *care*", em Pascale Molinier, Sandra Laugier e Patricia Paperman (orgs.), *Qu'est-ce que le care? Souci des autres, sensibilité, responsabilité* (Paris, Payot, 2009).

[4] Ibidem, p. 115.

[5] Nancy Fraser, "Crise du care? Paradoxes socio-reproductifs du capitalisme contemporain", em Tithi Bhattacharya (org.), *Avant 8 heures, après 17 heures: capitalisme et reproduction sociale* (Toulouse, Blast, 2020).

[6] Ibidem, p. 62.

[7] Ibidem, p. 42.

Conclusão: centralidade política do trabalho das mulheres e do cuidado

atuam em cada país de maneira diferente e assimétrica, mas as mulheres continuam realizando majoritariamente o trabalho de cuidado. É provável que a tendência seja a de continuar sendo assim, uma vez que se trata de um trabalho em grande parte precário, mal remunerado, pouco reconhecido e pouco valorizado. Contudo, com a profissionalização do cuidado, este teve a possibilidade de ser também um trabalho de homens, como no Japão, onde quase 40% dos *care workers* nos estabelecimentos de acolhimento de idosos(as) dependentes de nosso *corpus* são homens. Quanto ao cuidado domiciliar, dada a necessidade da realização simultânea do trabalho doméstico e do cuidado, são exclusivamente mulheres que o realizam. Nas grandes cidades da Europa, são quase sempre mulheres migrantes e sem documentos; no Brasil, empregadas domésticas ou faxineiras sem contrato formal; no Japão, mulheres que com frequência acumulam o cuidado dos pais idosos e o trabalho de cuidado domiciliar. Assim, a organização social do cuidado atribui um papel central às mulheres e à família nos três países estudados.

Como o cuidado pode ser definido como um conjunto de práticas materiais e psicológicas que consistem em oferecer uma resposta concreta às necessidades dos outros (cf. anteriormente), ele foi e continua sendo exercido dentro do espaço doméstico, na esfera chamada "privada", e é realizado "por amor" às pessoas idosas, às crianças, aos doentes, àqueles com deficiências físicas e mentais. Essas características, que devem ser entendidas em um contexto de crescente globalização, fizeram emergir uma nova divisão internacional do trabalho, mas também reconfiguraram o trabalho do cuidado. Embora este seja em grande parte precário, com salários baixos, pouco reconhecido e pouco valorizado, tornou-se visível subitamente com a pandemia, que destacou em todos os países a importância do cuidado e o imprescindível trabalho dos(as) cuidadores(as) nos hospitais, nos estabelecimentos de acolhimento de idosos(as) e em domicílio. A pandemia também mostrou o trabalho essencial realizado por aqueles e aquelas que tornavam possível o confinamento e a política sanitária: limpar os espaços e os transportes públicos, recolher as lixeiras, abrir os supermercados, as farmácias, os pontos de comércio dos artigos ditos "essenciais", para que a população pudesse sobreviver. Os(as) cuidadores(as) franceses(as) mostraram o caminho, mobilizando-se pelo reconhecimento salarial e simbólico de seu trabalho e manifestando-se nos hospitais e nas ruas a partir de maio e junho de 2020.

Penso que podemos afirmar, com Danièle Kergoat, que o processo de emancipação passa por uma consciência de gênero, de classe, de raça, e por um processo de luta contra a exploração, a opressão e a dominação, portanto por uma tomada de consciência que é ao mesmo tempo teórica e prática. Esse processo emancipatório encontra na centralidade do trabalho seu ponto de ancoragem por excelência, entendendo-se aqui o trabalho em sentido amplo, como trabalho profissional e doméstico, formal e informal, remunerado e não remunerado. Conforme diz a autora, "é preciso voltar a colocar o trabalho doméstico no centro da reflexão para pensar a emancipação"[8]. A materialidade do trabalho, o peso das práticas sociais, a preeminência das relações sociais de produção e de reprodução, todas essas dimensões contribuem para uma análise em que as determinações concretas se impõem, uma vez que, segundo os escritos de Danièle Kergoat, toda relação social tem um fundamento material. Em outras palavras, é preciso "politizar o conceito de trabalho", na linha de Danièle Kergoat, Christine Delphy e Silvia Federici, retomando a expressão de Alexis Cukier[9]. De acordo com este último, essas autoras apontaram "a função política central do conceito de trabalho"[10]. A ideia básica delas seria, segundo ele, a indissociabilidade entre as funções econômicas (produção de bens e de serviços) e políticas (reprodução e transformação das relações sociais), o que permite "retomar a crítica marxista da economia política" e pensar o trabalho como a "alavanca da emancipação coletiva". Segundo Cukier, o feminismo materialista possibilita, assim, a oposição entre o neoliberalismo e a perspectiva de um trabalho feminista, pós-capitalista, de um trabalho democrático.

Thomas Coutrot também lembra o vínculo entre trabalho e política, ao escrever: "Comunistas, social-democratas, libertários, nós todos fracassamos, de maneiras diferentes, mas por pelo menos uma razão comum: termos acreditado que se podia mudar a política sem mudar o trabalho"[11]. Penso aqui não só no trabalho denominado "produtivo", mas também em todo trabalho de reprodução social e de cuidado, que pode mudar a política e, ao mesmo tempo, ser mudado por ela. Thomas Coutrot destaca especialmente que as práticas profissionais inovadoras, como a autogestão no trabalho do cuidado domiciliar, podem contribuir para moldar uma "política do trabalho vivo"[12].

Compartilho com Pierre Rimbert a utopia de um "socialismo de serviços de dominante feminina controlado pelos próprios trabalhadores"[13], em que faxineiras, auxiliares de vida, auxiliares de enfermagem, puericultoras, assistentes maternais, enfermeiras, professoras, agentes administrativas se organizem em torno da reivindicação principal: "Exigimos os meios para fazer bem nosso trabalho!"[14]. Essas

---

[8] Danièle Kergoat, *Se battre, disent-elles...* (Paris, La Dispute, 2012), p. 238.
[9] Alexis Cukier, "De la centralité politique du travail: les apports du féminisme matérialiste", *Cahiers du Genre*, v. 3, n. 4, 2016; cf. também idem, *Le travail démocratique* (Paris, PUF, 2018), p. 125.
[10] Idem, "De la centralité politique du travail", cit., p. 161.
[11] Thomas Coutrot, *Libérer le travail* (Paris, Seuil, 2018), p. 16.
[12] Ibidem, p. 266.
[13] Pierre Rimbert, "La puissance insoupçonnée des travailleuses", *Le Monde diplomatique*, jan. 2019, p. 19.
[14] Idem.

palavras ecoam as das enfermeiras organizadas coordenadamente que evocavam o "valor de uso" de seu trabalho[15] e o discurso de Claire Villiers, sindicalista e uma das responsáveis pelo *Agir contre le chômage* [Agir contra o desemprego] (AC), em um seminário nos anos 1990, que afirmava que os desempregados e as desempregadas não queriam "um trabalho qualquer", mas um trabalho interessante, importante. Tenho a convicção de que logo veremos a emergência de uma "nova figura salarial feminina" (retomando a expressão de Danièle Kergoat, anteriormente mencionada neste texto), na qual as trabalhadoras do cuidado estarão na primeira fila, situação prefigurada pelas mobilizações dos(as) cuidadores(as) em junho de 2020 – e antes pelos(as) cuidadores(as) dos estabelecimentos de acolhimento de idosos(as) dependentes na França em 2017 e 2018[16] – contra as restrições orçamentárias do Ministério da Saúde, que provocaram uma intensificação do trabalho e um cuidado de má qualidade às pessoas idosas.

Eu gostaria de terminar esta obra voltando-me para a dimensão Norte-Sul das lutas feministas e para a questão da globalização dessas lutas. Há diferenças e cisões, por exemplo, entre as militantes da Marcha Mundial das Mulheres dos países do Norte e do Sul, mas é forçoso constatar todos os tipos de convergência na situação das mulheres. Penso, em primeiro lugar, na violência e na precariedade, mas também na bipolarização do emprego das mulheres; por um lado, a precariedade e a pobreza do polo majoritário dessa bipolarização, que também afetam as mulheres de todos os continentes; por outro, da parte das mulheres da minoria favorecida, o teto de vidro, a impossibilidade de acesso ao nível superior das posições de responsabilidade e de poder, nas empresas, nos sindicatos, nas organizações políticas, em todos os níveis da organização social. Essa é a situação das mulheres executivas tanto dos países do Norte como dos países do Sul. É possível falar de uma convergência das mulheres do Sul e do Norte também em torno do trabalho doméstico, uma vez que a divisão do trabalho doméstico entre os sexos se mantém no tempo e no espaço.

Um dos paradoxos da globalização é que, apesar do isolamento e da atomização dos(as) trabalhadores(as), resultantes dos novos modelos de organização do trabalho, essa situação não impede, e pode até suscitar, a emergência de novos agentes coletivos, em movimentos antimundialistas ou altermundialistas. Uma segunda característica da globalização é o crescimento em nível mundial, com raras exceções, do emprego assalariado e do trabalho remunerado das mulheres, acompanhado pela maior precarização e vulnerabilidade desses empregos. O modelo de trabalho

---

[15] Danièle Kergoat et al., *Les Infirmières et leur coordination 1988-1989* (Paris, Lamarre, 1992).

[16] A respeito, em especial, da greve de 117 dias no estabelecimento de acolhimento de idosos(as) dependente em Foucherans, França, cf. Anne-Sophie Pelletier, *EHPAD, une honte française* (Paris, Plon, 2019), p. 272-80.

124   *O cuidado: teorias e práticas*

vulnerável e flexível assumiu, nos países do Norte, a forma do trabalho em tempo parcial e com flexibilidade em todos os sentidos e, nos países do Sul, a forma do trabalho informal, sem nenhuma proteção social. As trabalhadoras pobres (*working poors*) e as "famílias monoparentais" estão em expansão na maioria dos países do Norte e do Sul. Ora, a eficácia e a renovação dos movimentos antiglobalistas ou globalistas, entre os quais a Marcha Mundial das Mulheres Contra a Violência e a Pobreza, dependem de sua capacidade de integrar as questões mencionadas. Essas questões estão vinculadas à precarização social e do trabalho, objeto de numerosas lutas recentes, especialmente na França e no Brasil. A maior precarização afeta também as trabalhadoras e os trabalhadores japoneses, embora as respostas sejam mais individuais que coletivas[17].

As novas figuras sexuadas do assalariamento e o papel particular das mulheres prefigurando relações de trabalho futuras para os dois sexos são outra questão suscitada pela globalização do emprego. Mais uma vez, as manifestações, em sua maioria organizadas e realizadas por cuidadoras na França, em junho e julho de 2020, por melhores condições de trabalho nos hospitais e por um aumento de salários indicam o caminho. É o caso também das propostas de "Transformação e valorização das profissões de cuidado" do Coletivo Inter-Hospitais (*Collectif Inter-Hôpitaux*[18]*) e, por exemplo, das reivindicações salariais e de organização e condições de trabalho das cuidadoras domiciliares em greve na região de Loir-et-Cher[19].

A reconfiguração das relações entre vida profissional e familiar, entre privado e público, encontra-se no centro da evolução recente do mundo do trabalho,

---

[17] Assim, observa-se um movimento de demissões individuais e coletivas das enfermeiras japonesas em razão de seus salários escassos, que não correspondem aos riscos que correram no período de pandemia. As mídias também relataram greves em hospitais em razão da supressão de "prêmios" (bônus) de primavera. Cf. Rocky Swift, "Japanese Hospitals Cut Staff Bonuses as Coronavirus Drives Them into the Red", *Japan Today*, 14 jul. 2020.

[18] Cf. Collectif Inter-Hôpitaux, "Ségur de la Santé, motion votée octobre 2020, Pilier 1".

* Em julho de 2020, o Ségur de la Santé reuniu, por iniciativa do governo francês, o conjunto dos atores do sistema de saúde – profissionais da saúde, pacientes, representantes de instituições – para identificar caminhos para a transformação do sistema de saúde francês. Foram alocados 19 bilhões de euros em dez anos para serem investidos no sistema de saúde em todo o território nacional. Os acordos da Previdência da Saúde foram assinados no dia 13 de julho de 2020 pelo primeiro-ministro, pelos ministros das Solidariedades e da Saúde, assim como por uma maioria das organizações sindicais, que representaram tanto as profissões não médicas quanto os médicos de hospitais públicos. Para questionar, revisar ou completar as insuficiências da Previdência da Saúde, foi organizado o Coletivo Inter-Hospitais, composto de trabalhadores de várias instituições hospitalares, com o intuito de fazer propostas alternativas às da Previdência da Saúde, inclusive da "lei Ségur", promulgada em 26 de abril de 2021 para concretizar medidas não orçamentárias da Previdência da Saúde. O Coletivo Inter-Hospitais propõe a união entre o pessoal hospitalar e os usuários do sistema de saúde. (N. T.)

[19] Cf. "On est prises pour des riens du tout, mais on est essentielles", *Le Monde*, 13 fev. 2021, p. 16.

sobretudo com o aumento do desemprego e o trabalho remoto que se expande, decerto em graus diversos nos três países. Novas pesquisas sobre as relações entre gênero, trabalho e cuidado, incluindo intercâmbios interdisciplinares, parecem-me hoje uma precondição para o aprofundamento dessas reflexões e para o avanço dessas lutas.

Anexos

Estes anexos visam apresentar elementos de enquadramento da pesquisa de campo no Brasil, na França e no Japão em que este livro se baseia. O primeiro deles apresenta a metodologia da pesquisa e o segundo mostra a formação profissional dos(as) cuidadores(as) nos três países.

Anexo I
Complementos sobre a metodologia da pesquisa de campo

Eu quis estudar duas formas de cuidado oferecido às pessoas idosas: as instituições que acolhem pessoas idosas dependentes e a prática do cuidado domiciliar. No Japão, realizei meu trabalho de campo em três *shisetsu*, cujo estatuto jurídico era o *Toyo, Tokubestu yogo rojin home*, o mais próximo do estatuto dos homólogos brasileiros (instituição de longa permanência para idosos, Ilpi) e francês (*établissement d'hébergement pour personnes âgées dépendantes* – estabelecimento de acolhimento de idosos(as) dependentes, EHPAD). Então, para entrevistar os(as) trabalhadores(as) do cuidado, dirigi-me por um lado aos estabelecimentos para idosos(as) e, por outro, às instituições que se ocupam em organizar o cuidado domiciliar ou em ajudar esses(as) assalariados(as), especialmente os sindicatos (no Brasil), as associações (na França) e as *no profit organization* (NPO) e as empresas prestatárias privadas e semipúblicas (no Japão). A pesquisa foi realizada em 2010-2011, com financiamentos e apoios institucionais nos três países (cf. preâmbulo).

Por fim, foram realizadas 360 entrevistas nos três países: 265 *care workers* que trabalhavam nas instituições de acolhimento de idosos(as) e 95 *care workers*

128 *O cuidado: teorias e práticas*

domiciliares. Para a realização dessas entrevistas, tive ajuda de Myrian Matsuo, à época pós-doutoranda e pesquisadora da Fundacentro (Ministério do Trabalho), no Brasil, e de Efthymia Makridou, na época doutoranda na universidade Paris 8/Cresppa-GTM, na França. No Japão, realizei sozinha todas as entrevistas (em número de 100), mas tive a assistência de uma estudante de mestrado da universidade Hitotsubashi, Ayaka Kashiwazaki, para meus contatos, minha pesquisa de campo e minhas leituras.

No Japão, realizei entrevistas semidiretivas (em geral de quarenta minutos a uma hora de duração) com *home helpers, care workers (kaigo shi)*, enfermeiros(as), *leaders* e representantes da hierarquia: *soodanshi, care manager, fuku-shunin, shunin; kacho, encho*. Foram realizadas observações nos estabelecimentos, mas não pude realizar observações nos domicílios.

Segue o roteiro de entrevista, sob a forma de uma série de perguntas e de pedidos de informações, concebido para entrevistar trabalhadores(as) do cuidado nas instituições e nos domicílios.

- Fale-me de seu trabalho. Em que consiste seu trabalho, sua atividade?
- Como você conseguiu este emprego? Anpe*, rede de vizinhança, de bairro, de parentesco, amigos, ex-colegas, jornais etc.
- É seu primeiro trabalho? O que você fez antes? Trajetória profissional antes do emprego atual, experiência profissional.
- Tem contrato de trabalho ou não? Trabalho clandestino, temporário, contrato por tempo determinado, contrato por tempo indeterminado, substituto etc.
- Formação prévia? Escolaridade, diplomas, formação profissional.
- Prazer e sofrimento no trabalho? O que é difícil, penoso, desagradável em seu trabalho, o que traz sofrimento; o que é prazeroso, agradável, que lhe dá prazer no trabalho.
- Situação familiar e domiciliar. Quem mora com o(a) entrevistado(a). Filhos (idade, sexo, nível escolar ou tipo de emprego). Idade ou profissão do marido ou da esposa, do companheiro ou da companheira.
- Para você, o que é "cuidar"?
- Relação entre os pares e com a hierarquia.
- Idade, local de nascimento, profissão e nível de escolaridade dos pais, irmãos e irmãs (idade e profissão).

---

* Na França, Agence nationale pour l'emploi (Agência Nacional de Emprego), atualmente denominada Pôle Emploi. [N. E.]

Anexos 129

- Salário, remuneração.
- Como pessoa idosa, você preferiria ser cuidado(a) em uma instituição ou em sua casa?
- Projetos.

Apresentação dos(as) nove cuidadores(as)

Segue uma breve apresentação dos(as) nove cuidadores(as) dos estabelecimentos em Paris, São Paulo e Tóquio cujos depoimentos são mais especificamente utilizados neste livro.

Em Paris:

1) Sandra, auxiliar de enfermagem: mulher, trabalha à noite (21h-7h), 52 anos, nascida em Guadalupe.

2) Julie, auxiliar de enfermagem: mulher, trabalha à noite, 57 anos, nascida em Paris.

3) Antoine, auxiliar médico-psicológico (AMP): homem, trabalha à tarde, 45 anos, nascido em Comores.

Em São Paulo:

1) Milton, cuidador de idosos (formação de auxiliar de enfermagem): homem, 26 anos, nascido em São Paulo.

2) Maria, cuidadora (formação de auxiliar de enfermagem): mulher, 20 anos, nascida em São Paulo. Seus pais vieram do Nordeste.

3) Amélia, cuidadora (formação de auxiliar de enfermagem): mulher, 35 anos, nascida em Recife, Nordeste.

Em Tóquio:

1) Sueko, *care worker*: mulher, 21 anos, nascida em Niigata (província ao norte de Tóquio).

2) Yumiko, *care worker*: mulher, 34 anos, nascida em Nagoya.

3) Minoru, *care worker leader*: homem, 50 anos, nascido em Chiba, subúrbio de Tóquio.

Anexo II

O quadro a seguir apresenta as cargas horárias e as equivalências da formação profissional dos(as) cuidadores(as) segundo seus diferentes *status* no Brasil, na França e no Japão.

França	Japão	Brasil
Auxiliar de vida social (Deavs)[1]: 525 + 840 horas (1 ano)	*Helper* 2: 130 horas	Cuidadora: a partir de 25 horas de formação em uma escola privada ou em uma instituição de longa permanência para idosos (Ilpi) para exercer a profissão
Auxiliar médico-psicológico (AMP): 525 horas + 840 horas (1 ano)		
Auxiliar de enfermagem: 595 horas + 840 horas (10 meses)	*Kaigo fukushishi*: nível ensino médio + 2 anos de curso profissional ou VAE* (3 anos de experiência + exames)	Auxiliar de enfermagem: nível ensino médio + 1 ano de formação
	Jun kangoshi: nível ensino médio + 2 anos de formação	Técnico(a) de enfermagem: nível ensino médio + 2 anos de formação
Enfermeiro(a): nível ensino médio + 2.100 horas (3 anos)	*Sei kangoshi*: nível ensino médio + 4 anos de formação	Enfermeiro(a): nível ensino médio + 4 anos

Fonte: elaborado pela autora.

---

[1] Em 2016, o Deavs fundiu-se com outros dois diplomas, o diploma de Estado de *aide médico-psychologique* (AMP) e o diploma de *auxiliaire de vie scolaire* e recebeu o nome de Deaes (*diplôme d'État d'accompagnant·e éducatif·ve et social·e*).

* VAE = *validation des acquis de l'expérience*. Significa: reconhecimento da aprendizagem e da experiência de trabalho prévias para a concessão do diploma. (N. T.)

Posfácio

Danièle Kergoat*

Uma nova obra sobre o cuidado não parecia indispensável, *a priori*. Em seguida às controvérsias midiáticas sobre o cuidado e à crise sanitária que teve início em 2020, toda pessoa um pouco instruída formou uma opinião que considera solidamente estabelecida. Em suma, todo mundo, ou quase, tem a sensação de saber o que há para saber sobre o assunto. O cuidado é preocupar-se com os outros e cuidar deles. Para uns(umas), trata-se de uma doce utopia; para outros(as), é uma ideologia que permite descartar a realidade e a violência das relações sociais. Ora, é justamente esse conforto intelectual que é questionado por este estudo comparativo. A comparação internacional mostra, por exemplo, que as respostas ao envelhecimento da população diferem amplamente, inclusive entre os países de capitalismo avançado. Essas respostas são antes de tudo, é claro, as políticas nacionais, mas é também o tipo de trabalhador(a) mobilizado(a) para esse trabalho: homens japoneses, imigradas dos países do Leste e do Sul na França, mulheres do Nordeste brasileiro, todos(as) precários(as), mas todos(as) diferentes do ponto de vista de relações sociais de sexo, de "raça" e até mesmo de classe em alguns casos (refiro-me particularmente ao caso japonês).

É, portanto, a primeira contribuição deste livro: ele desconstrói muitas ideias preconcebidas e constitui, por isso, uma excelente introdução às teorias do cuidado e à análise do trabalho de cuidado. Dito isso, o procedimento metodológico (a comparação internacional) é sustentado por um aparato teórico consequente, que abre pistas de reflexão originais. É nesse contexto que eu gostaria de insistir aqui no

---

* Danièle Kergoat é socióloga, diretora de pesquisas honorária do Centro Nacional da Pesquisa Científica (Centre national de la recherche scientifique, CNRS).

132 *O cuidado: teorias e práticas*

emprego heurístico que é feito da noção de subjetividade: Helena Hirata faz dela uma ferramenta poderosa de compreensão das práticas laboriosas e das dificuldades que existem para apreender esse tipo de trabalho.

Desde seu projeto inicial de tese, *Le désir chez Sade et Hegel* [O desejo em Sade e Hegel], até seu atual trabalho sobre o cuidado, passando pelo artigo "Femme, si je pouvais ne pas être secrétaire"[1] ["Mulher, se eu pudesse não ser secretária"] ou pelo artigo escrito com Philippe Zarifian sobre a definição do trabalho como produção do viver no *Dictionnaire critique du féminisme*[2] [Dicionário crítico do feminismo], é uma constante de seu pensamento: examinar simultaneamente o trabalho assalariado e o trabalho doméstico, a produção e a reprodução, o privado e o público, considerar os afetos que atuam nesses diferentes campos, refletir sobre o problema do consentimento em todas as suas ambiguidades e ambivalências[3], em suma, mostrar que não se pode pensar o trabalho sem levar em conta a subjetividade. O problema da subjetividade constitui uma alavanca para contribuir para desconstruir/reconstruir as relações sociais de sexo no espaço (recorrendo à análise comparativa) e no tempo, analisando os impulsores psicoafetivos das relações de dominação. Esta obra, *O cuidado: teorias e práticas*, é o resultado desse itinerário teórico e metodológico.

O fio condutor da subjetividade atravessa, portanto, todos os trabalhos de Helena Hirata. De importância pontual: refiro-me aqui a seus trabalhos sobre o Japão, mas também àqueles sobre a relação social de serviço como lugar de articulação entre seus trabalhos anteriores sobre a subjetividade e seus trabalhos sobre o cuidado[4]. Na verdade, a análise do trabalho de serviço já a levava a questionar a dicotomia entre o amor e o trabalho. Importância pontual, portanto, mas também e sobretudo importância longitudinal, uma vez que, ao longo de todas as suas pesquisas, foram levados em conta e examinados os afetos que atuam tanto no trabalho assalariado como no trabalho doméstico. O que ela mostrou no decorrer desses anos, e que se completa nesta obra, é que convocar a subjetividade permite compreender o trabalho em toda a sua extensão. À maneira da psicodinâmica do trabalho, mas em uma perspectiva

---

[1] Helena Hirata, "Femme, si je pouvais ne pas être secrétaire", *Critiques de l'économie politique*, número especial sobre o setor terciário, n. 12, 1980.

[2] Helena Hirata e Philippe Zarifian, "Travail (le concept de)", *Dictionnaire critique du féminisme* (Paris, PUF, 2000).

[3] Helena Hirata, "Travail et affects: les ressorts de la servitude domestique. Note de recherche", *Travailler*, n. 8, 2002/2.

[4] Helena Hirata, "Le rapport social de service", comunicação por ocasião do seminário *De la servitude volontaire à la résilience* (2000-2002), que tinha como objetivo explorar a subjetividade no trabalho (profissional e doméstico) em uma perspectiva interdisciplinar. Helena Hirata e eu tínhamos organizado esse seminário para trabalhar em torno das questões da criação e da generosidade, da ação e da inação, da servidão voluntária e dos afetos, da divisão do trabalho em relação ao sofrimento.

diferente, Helena Hirata atribui um lugar privilegiado à questão do sofrimento e do prazer no trabalho. É esse enfoque que lhe possibilita, em nível macrológico, restaurar uma coerência entre organização do trabalho, subjetividade e ordem econômica, e, em nível micrológico, compreender a complexidade das práticas.

O trabalho de cuidado é uma realidade complexa tanto para o(a) observador(a) quanto para os(as) próprios(as) trabalhadores(as) do cuidado. Ele se encontra no ponto de articulação das relações sociais de sexo, de classe, de raça-etnia. Cada relação é impactada pelas outras e concorre para sua (re)criação. Pode-se dizer que o trabalho de cuidado é paradigmático do que chamo, desde o fim dos anos 1970, de consubstancialidade das relações sociais.

Contudo, tal abordagem, embora permita conceituá-lo, não possibilita compreender seu funcionamento concreto. O trabalho de cuidado continua sendo um verdadeiro enigma. Como dar conta dessa relação ambígua e ambivalente com o trabalho? Como compreender a carga dos afetos que estão em jogo nesse trabalho? Como deixar de reduzir a explicação a algum fato monocausal (por exemplo: "é um trabalho como qualquer outro" ou "é um trabalho que só se pode definir com base nos afetos de uns(umas) e outros(as), dos(as) receptores(as) e provedores(as)")? Também nesse aspecto a entrada pela subjetividade é preciosa. As dimensões subjetivas do trabalho e da atividade são centrais para compreender não só como a ocupação é percebida pelos(as) que cuidam, mas também como se desenrola concretamente essa atividade e suas dificuldades.

O estudo aqui apresentado já se tinha iniciado por ocasião de trabalhos anteriores, conforme é lembrado no capítulo 4. O que a autora mostra é o que em outro lugar ela chama de aporias[5], ou seja, problemas teóricos e metodológicos que resistem às explicações clássicas da sociologia do trabalho – sendo a hipótese fundamental provada neste livro a de que essas aporias só podem ser resolvidas levando-se em conta centralmente impulsores psicoafetivos que, ao mesmo tempo, permitem esse trabalho e decorrem dele, trabalho que as pessoas tanto se dedicam a fazer bem. E isso apesar de ele ser difícil de descrever e tão terrivelmente difícil de realizar, por mobilizar tanto a própria intimidade das pessoas.

Um dos impulsores psicoafetivos pode ser concebido como "amor", tal como faz Pascale Molinier[6]. Embora Helena Hirata não invalide essa abordagem, a sua leva em conta outros fatores que ela abarca sob o termo "subjetividade".

---

[5] Helena Hirata, "Travail, famille, et rapports hommes-femmes: réflexion à partir du cas japonais", *Carnets des ateliers de recherche*, n. 7, 1986.

[6] Cf. Pascale Molinier, *Le Travail du* care (Paris, La Dispute, 2020) e também *Le* Care *monde: trois essais de psychologie sociale* (Lyon, ENS Éditions, 2018).

134   O cuidado: teorias e práticas

Ilustrarei o raciocínio considerando o problema da não qualificação, expressão frequentemente associada a esse trabalho. Em Paris e em São Paulo, trabalhadores(as) do cuidado dizem "amar" seu trabalho. "Amar" pode então combinar com ser "não qualificado(a)", o que é paradoxal para a sociologia do trabalho: é notório que os trabalhadores e as trabalhadoras não qualificados(as) dizem não gostar de seu trabalho, que julgam árduo, repetitivo, sem nenhum valor. A hipótese levantada é a de que, se esse discurso é possível, é porque se trata de uma não qualificação especificamente feminina: não consideração, baixo salário, dificuldade, mas também, e sobretudo, trabalho *naturalizado*, o que é uma característica estruturante sua. É verdade que a naturalização do trabalho não é restrita às mulheres (pode ser também a etnias, por exemplo). Todavia, nesse ponto, o que é específico e que a autora mostra é o entrelaçamento entre trabalho assalariado e trabalho doméstico. Na verdade, o trabalho assalariado e o doméstico estão associados para todas as mulheres destinadas socialmente ao papel de mulher. Aqui, no entanto, não há apenas um deslocamento, um encobrimento parcial, há um encavalamento deles, a tal ponto que os dois são, em parte, indiscerníveis um do outro. Isso dá amplo espaço à irrupção do subjetivo, de um discurso sobre o amor como fator que torna legível a realidade aos olhos dos(as) próprios(as) trabalhadores(as) do cuidado. O trabalho doméstico encontra-se assim no núcleo da análise – o que equivale a reatar, prolongando-as, com as problematizações fundadoras do feminismo materialista, hoje infelizmente menosprezadas.

Portanto, a ambivalência que caracteriza tanto a relação dos(as) trabalhadores(as) do cuidado com o trabalho quanto sua relação com os(as) beneficiários(as) de seu trabalho torna-se compreensível – e analisável –, uma vez que a relação de apego (intensamente possibilitada pela naturalização) é mediada por um trabalho que tem características do trabalho doméstico.

Isso esclarece as questões da relação entre individual e coletivo, e entre as dimensões éticas e estéticas, com as quais é preciso confrontar-se quando se quer pensar o trabalho; mas também a dialética entre sujeição e emancipação, tanto que é a dimensão política do trabalho que está em jogo aqui.

São homens e mulheres concretos(as) que Helena nos mostra viverem e trabalharem. Todos(as) diferentes, mas atormentados(as) pela desvalorização do cuidado, pela humilhação que isso acarreta. Todos(as) com raiva, de certo modo. Todos(as) situados(as), mesmo que de maneira diferente, no epicentro das relações sociais dominantes, tanto que só podemos perguntar, como também questiona a autora: será que isso não anuncia uma mobilização transnacional e internacional dos trabalhadores e das trabalhadoras do cuidado, assim como uma progressão de uma nova figura salarial feminina?

Referências bibliográficas

Bibliografia relativa ao prefácio à edição brasileira

ANGOTTI, Bruna; VIEIRA, Regina Stela Corrêa (orgs.). *Cuidar, verbo coletivo*: diálogos sobre o cuidado na pandemia do Covid-19. Joaçaba, Unoesc, 2021.

ARANGO, Luz Gabriela; MOLINIER, Pascale. *El trabajo y la ética del cuidado*. Medellín, La Carretera/Escuela de Estudios de Género, Universidad Nacional de Colombia, 2011.

ARRUZZA, Cinzia; BHATTACHARYA, Tithi; FRASER, Nancy. *Féminisme pour les 99%*: un manifeste. Paris, La Découverte, 2019. [Ed. bras.: *Feminismo para os 99%:* um manifesto, trad. Heci Regina Candiani, São Paulo, Boitempo, 2019.]

BATTHYANY, Karina (org.). *Miradas latinoamericanas al cuidado*. Montevidéu, Clacso/Siglo XXI, 2020.

BIROLI, Flávia (org.). Dossiê "Cuidado e responsabilidade". *Revista Brasileira de Ciência Política*, n. 18, 2015.

_____. Novo coronavírus, responsabilidade e precariedade. *Folha de S.Paulo*, 8 abr. 2020.

CAMARANO, Ana Amélia (org.). *Cuidados de longa duração para a população idosa*: um novo risco social a ser assumido? Rio de Janeiro, Ipea, 2010.

DESTREMEAU, Blandine; GEORGES, Isabel. *Le* Care*, face morale du capitalisme:* assistance et police des familles en Amérique Latine. Bruxelas, Peter Lang, 2017.

FRASER, Nancy. Crise du *care*? Paradoxes socio-reproductifs du capitalisme contemporain. In: BHATTACHARYA, Tithi, *Avant 8 heures, après 17 heures:* capitalisme et reproduction sociale. Toulouse, Blast, 2020, p. 41-65.

GROISMAN, Daniel. *O cuidado enquanto trabalho*: envelhecimento, dependência e políticas de bem-estar no Brasil. Tese de doutorado, Rio de Janeiro, Universidade Federal do Rio de Janeiro, 2015.

GROISMAN, Daniel et al. *Cuida-Covid*: pesquisa nacional sobre as condições de trabalho e saúde das pessoas cuidadoras de idosos na pandemia. Principais resultados. Rio de Janeiro, Fiocruz, 2021.

GUIMARÃES, Nadya Araujo; HIRATA, Helena (orgs.). *El cuidado en América Latina*. Buenos Aires, Fundación Medifé Edita, 2020.

_____. *O gênero do cuidado*: desigualdades, significações e identidades. São Paulo, Ateliê, 2020.

_____. *Care and Care Workers*: A Latin American Perspective. Cham, Springer, 2021.

HIRATA, Helena. Por uma arqueologia do saber sobre cuidado no Brasil. In: BATTHYANY, Karina (org.). *Miradas latinoamericanas al cuidado*. Montevidéu, Clacso/Siglo XXI, 2020, p. 107-24.

_____; GUIMARÃES, Nadya Araujo. *Cuidado e cuidadoras*: as várias faces do trabalho do *care*. São Paulo, Atlas, 2012.

PASSOS, Rachel Gouveia. *Trabalho, gênero e saúde mental:* contribuições para a profissionalização do cuidado feminino. São Paulo, Cortez, 2017.

PENA, Erica Dumont; OLIVEIRA, Isabel de Oliveira. *Aprender a cuidar*: diálogos entre saúde e educação infantil. São Paulo, Cortez, 2018.

PINHEIRO, Luana; TOKARSKI, Carolina Pereira; POSTHUMA, Anne Caroline (orgs.). *Entre relações de cuidado e vivências de vulnerabilidade*: dilemas e desafios para o trabalho doméstico e de cuidado remunerado no Brasil. Brasília, Ipea/OIT, 2021.

QUEIROZ, Christina. Economia do cuidado. Dossiê "Desafios do cuidado". *Pesquisa Fapesp*, n. 299, jan. 2021, ano 22.

Bibliografia relativa ao prefácio à edição francesa

DILL, Bonnie Thorton. *Across the Boundaries of Race and Class*: An Exploration of Work and Family Life among Black Female Domestic Servants. Londres, Routledge, 1994.

GLENN, Evelyn Nakano. *Issei, Nisei, War Bride*: Three Generations of Japanese American Women in Domestic Work. Filadélfia, Temple University Press, 1986.

_____. From Servitude to Service Work: Historical Continuities in the Racial Division of Paid Reproductive Labor. *Signs*, v. 18, n. 1, 1992.

ROLLINS, Judith. *Between Women*: Domestics and Their Employers. Filadélfia, Temple University Press, 1987.

ROMERO, Mary. *Maid in the USA*. Londres, Routledge, 1992.

US BUREAU OF STATISTICS. Labor Force Statistics from the Current Population Survey. Disponível em: <https://www.bls.gov/cps/cpsaat11.htm>. Acesso em: 22 jun 2022.

Bibliografia relativa ao posfácio

HIRATA, Helena. Femme, si je pouvais ne pas être secrétaire. *Critiques de l'économie politique*, n. 12, 1980.

_____. Travail, famille, et rapports hommes-femmes: réflexion à partir du cas japonais. *Carnets des ateliers de recherche*, n. 7, 1986.

_____. Le rapport social de service. Comunicação por ocasião do seminário *De la servitude volontaire à la résilience*, 2000-2002.

_____. Travail et affects: les ressorts de la servitude domestique. Note de recherche. *Travailler*, n. 8, 2002/2.

_____; ZARIFIAN, Philippe. Travail (le concept de). *Dictionnaire critique du féminisme*. Paris, PUF, 2000.

NAKANO, Evelyn Glenn. Creating a Caring Society. *Contemporary Sociology*, v. 29, n. 1, 2000, p. 84-94.

PASCALE, Molinier. *Le Travail du* care. Paris, La Dispute, 2020.

_____. *Le* Care *monde*: trois essais de psychologie sociale. Lyon, ENS Éditions, 2018.

BIBLIOGRAFIA GERAL

ANTUNES, Ricardo; BRAGA, Ruy (orgs.). *Infoproletários*: degradação real do trabalho virtual. São Paulo, Boitempo, 2009.

APPAY, Béatrice. *La Dictature du succès*: le paradoxe de l'autonomie contrôlée et de la précarisation. Paris, L'Harmattan, 2005.

ARANGO, Luz Gabriela; MOLINIER, Pascale. *El trabajo y la ética del cuidado*. Medellín, La Carretera/Escuela de Estudios de Género, Universidad Nacional de Colombia, 2011.

ARAÚJO, Anna Barbara. *Políticas sociais, emoções e desigualdades*: enredando o trabalho de cuidado de idosos em uma política pública municipal. Tese de doutorado, Rio de Janeiro, Universidade Federal do Rio de Janeiro, 2019.

ARBORIO, Anne-Marie. *Un personnel invisible*: les aides-soignantes à l'hôpital. Paris, Economica/ Anthropos, 2002.

ARGOUD, Dominique. Les Nouvelles Formes d'habitat pour personnes âgées: approche sociohistorique d'une innovation. In: NOWIK, Laurent; THALINEAU, Alain (orgs.). *Vieillir chez soi*: les nouvelles formes de maintien à domicile. Rennes, Presses universitaires de Rennes, 2014.

ASKENAZY, Philippe. Travail, un monde en mutation. *La Revue pour l'histoire du CNRS*, n. 24, 2009.

AUBRÉE, Marion. Brésil, la dynamique évangélique. *Cahiers du CIERL*, Universidade Livre de Bruxelas, 9 jun. 2015.

AVRIL, Christelle. *Les Aides à domicile*: un autre monde populaire. Paris, La Dispute, 2014.

_____. Sous le *care*, le travail des femmes des milieux populaires. Pour une critique empirique d'une notion à succès. In: MARUANI, Margaret (org.). *Je travaille, donc je suis*: perspectives féministes. Paris, La Découverte, 2018, p. 205-16. [Ed. bras.: *Trabalho, logo existo*: perspectivas feministas, trad. Viviane Ribeiro, Rio de Janeiro, FGV Editora, 2019.]

AVRIL, Christelle; CARTIER, Marie. *Care*, genre et migration: pour une sociologie contextualisée des travailleuses domestiques dans la mondialisation. *Genèses*, Paris, n. 114, 2019.

BARRERE-MAURISSON, Marie-Agnès et al. *Le Sexe du travail, structures familiales et système productif*. Grenoble, PUG, 1984.

BÉROUD, Sophie et al. *En Quête des classes populaires*: un essai politique. Paris, La Dispute, 2017.

BIROLI, Flavia. Care and the New Patterns of Precarity. In: VOSMAN, Frans; BAART, Andries; HOFFMAN, Jaco (orgs.). *The Ethics of Care*: The State of the Art, v. 8. Leuven/Paris, Peeters, 2020, p. 209-31.

_____. Responsabilidades, cuidado e democracia. *Revista Brasileira de Ciência Política*, n. 18, 2015, p. 81-117.

BONNET, Carole et al. La Dépendance: quelles différences entre les hommes et les femmes? *Gérontologie et société*, v. 36, n. 145, 2013/2, p. 55-66.

BORGEAUD-GARCIANDÍA, Natacha. Le *care* à demeure: une approche du travail des *cuidadoras* migrantes à Buenos Aires. *Travailler*, Paris, n. 28, 2012, p. 75-100.

_____. *Puertas adentro*: trabajo de cuidado domiciliario a adultos mayores y migración en la Ciudad de Buenos Aires. Buenos Aires, Teseo, 2017.

138   *O cuidado: teorias e práticas*

_____; GUIMARÃES, Nadya Araujo; HIRATA; Helena. Introduction: *care* aux Suds: quand le travail de *care* interroge les inégalités sociales. *Revue internationale des études du développement*, n. 242, 2020.

_____; HIRATA, Helena. Tacto y tabú: la sexualidade en el trabajo de cuidado. *Sociología del Trabajo*, n. 90, 2017.

BORGEAUD-GARCIANDÍA, Natacha; HIRATA, Helena; MAKRIDOU, Efthymia. Compte rendu des ouvrages de C. Gilligan, J. Tronto, P. Molinier, S. Laugier et P. Paperman. *Cahiers du Genre*, n. 49, 2010.

BOWLBY, John. *Attachement et perte*. Paris, PUF, 2007 [2002], 3 v.

BRUSCHINI, Cristina; LOMBARDI, Maria Rosa. A bipolaridade do trabalho feminino no Brasil contemporâneo. *Cadernos de Pesquisa*, São Paulo, n. 110, 2000.

BUTLER, Judith. Vulnerability, Precarity, Coalition. In: GARDEY, Delphine; KRAUS, Cynthia (orgs.). *Politics of Coalition*: Thinking Collective Action. Zurique/Genebra, Seismo, 2016.

CAMARANO, Ana Amélia; BARBOSA, Pamela. Instituições de longa permanência para idosos no Brasil: do que se está falando? In: ALCÂNTARA, Alexandre de Oliveira; CAMARANO, Ana Amélia; GIACOMIN, Karla Cristina (orgs.). *Política nacional do idoso*: velhas e novas questões. Rio de Janeiro, Ipea, 2016.

CARRASCO, Cristina. La sostenibilidad de la vida humana: un asunto de mujeres? *Mientras Tanto*, Barcelona, n. 82, 2001.

CINGOLANI, Patrick. *La Précarité*. Paris, PUF, 2006.

CHABAUD-RYCHTER, Danielle; FOUGEYROLLAS-SCHWEBEL, Dominique; SONTHONNAX, Françoise. *Espace et temps du travail domestique*. Paris, Méridiens Klincksieck, 1985.

COHEN, Daniel. Des états ont décidé d'arrêter l'économie pour sauver des vies. C'est inédit. *Télérama*, 27 maio 2020.

COUTROT, Thomas. *Libérer le travail*. Paris, Seuil, 2018.

CRESSON, Geneviève. *Le Travail domestique de santé*. Paris, Harmattan, 1995.

_____. Le *care*: soin à autrui et objet de controverses. *Travail, genre et sociétés*, n. 26, 2011, p. 195-8.

CUKIER, Alexis. De la centralité politique du travail: les apports du féminisme matérialiste. *Cahiers du Genre*, v. 3, n. 4, 2016.

_____. *Le travail démocratique*. Paris, PUF, 2018.

DEGAVRE, Florence; NYSSENS, Marthe. L'Innovation sociale dans les services d'aide à domicile: les apports d'une lecture polanyienne et féministe. *Revue française de socio-économie* (RFSE), 2008.

DEJOURS, Christophe (org.). *Plaisir et souffrance dans le travail*, tomos 1 e 2. Paris, Éditions de l'AOCIP, 1987.

_____. *Travail*: usure mentale. Nova edição aumentada, Paris, Bayard, 1993 [1980].

_____. Les rapports domestiques entre amour et domination. *Travailler*, Paris, n. 8, 2002.

_____. *Travail vivant*. Tomo 1: *Sexualité et travail*. Paris, Payot, 2012.

DEMAZIÈRE, Didier et al. *Être chômeur à Paris, São Paulo, Tokyo*: une méthode de comparaison internationale. Paris, Les Presses de Sciences Po, 2013.

DEVETTER, François-Xavier; JANY-CATRICE, Florence; RIBAULT, Thierry. *Les Services à la personne*. Paris, La Découverte, 2009, coleção Repères.

DIRECTION DE LA RECHERCHE, DES ÉTUDES, DE L'ÉVALUATION ET DES STATISTIQUES (DREES). EHPAD 2015. *Études et Résultats*, n. 1015, jul. 2017.

Referências bibliográficas

DUSSUET, Annie. *Travaux de femmes*: enquêtes sur les services à domicile. Paris, L'Harmattan, 2005.

EHRENREICH, Barbara; HOCHSCHILD, Arlie R. (orgs.). *Global Woman*: Nannies, Maids and Sex Workers in the New Economy. Nova York, Metropolitan Books, Henry Holt and Company, 2002.

FALQUET, Jules et al. (orgs.). *Le Sexe de la mondialisation*. Paris, Presses de Sciences Po, 2010.

FARRIS, Sara. Les Fondements politico-économiques du fémonationalisme. *Contretemps*, n. 17, jul. 2013.

FORTINO, Sabine; JEANTET, Aurélie; TCHOLAKOVA, Albena. Émotions au travail, travail des émotions. *La Nouvelle Revue du Travail*, n. 6, 2015.

FOURASTIE, Jean. *Le grand espoir du XXe siècle*. Paris, Gallimard, 1963.

FRASER, Nancy. Crise du *care*? Paradoxes socio-reproductifs du capitalisme contemporain. In: BHATTACHARYA, Tithi (org.). *Avant 8 heures, après 17 heures*: capitalisme et reproduction sociale. Toulouse, Blast, 2020.

GAND, Sébastien; HENAUT, Léonie; SARDAS, Jean-Claude. *Aider les proches aidants*: comprendre les besoins et organiser les services sur les territoires. Paris, Presses des Mines, 2014.

GARRAU, Marie; LE GOFF, Alice. Care, *justice et dépendance*: introduction aux théories du *care*. Paris, PUF, 2010.

GLENN, Evelyn Nakano. De la servitude au travail de service: les continuités historiques de la division raciale du travail reproductif payé. In: DORLIN, Elsa (org.). *Sexe, race, classe*: pour une épistémologie de la domination. Paris, PUF, 2009.

_____. Le travail forcé: citoyenneté, obligation statutaire et assignation des femmes au *care*. In: MOLINIER, Pascale; LAUGIER, Sandra; PAPERMAN, Patricia (orgs.). *Qu'est-ce que le care?* Souci des autres, sensibilité, responsabilité. Paris, Payot, 2009.

_____. Reimagining Care and Care Work. In: GUIMARÃES, Nadya Araujo; HIRATA, Helena. *Care and Care Workers*: A Latin American Perspective. Cham, Springer, 2021.

GREEN, Nancy. *Repenser les migrations*. Paris, PUF, 2002.

_____. Quatre âges des études migratoires. Dossiê "Femmes et genre en migration". *Clio*, n. 51, 2020.

GUIMARÃES, Nadya Araujo; HIRATA, Helena. *Care and Care Workers*: A Latin American Perspective. Cham, Springer, 2021.

GUIMARÃES, Nadya Araujo; HIRATA, Helena (orgs.). *O gênero do cuidado*: desigualdades, significações e identidades. São Paulo, Ateliê, 2020.

GUIMARÃES, Nadya Araujo; HIRATA, Helena (orgs.). *Cuidado e cuidadoras*: as várias faces do trabalho do *care*. São Paulo, Atlas, 2012.

GUIMARÃES, Nadya Araujo; HIRATA, Helena (orgs.). *El cuidado en América Latina*: mirando los casos de Argentina, Brasil, Chile, Colombia y Uruguay. Buenos Aires, Medifé, 2020.

GUIMARÃES, Nadya Araujo; HIRATA, Helena; POSTHUMA, Anne. Cuidado: suas formas, suas relações e seus atores. Refletindo a partir do caso do Brasil. Taller inaugural de la Red Latinoamericana de Investigación. Universidade de São Paulo, 15 out. 2018.

GUIMARÃES, Nadya Araujo; HIRATA, Helena; SUGITA, Kurumi. *Care et care work*: le travail du *care* au Brésil, en France, au Japon. Colóquio internacional *O que é o care? Emoções, divisão do trabalho, migrações*. São Paulo, Universidade de São Paulo, 26-27 ago. 2010.

GUIMARÃES, Nadya Araujo; HIRATA, Helena Hirata; SUGITA, Kurumi. Cuidado e cuidadoras: o trabalho do cuidado no Brasil, França e Japão. In: Helena Hirata e Nadya Araujo Guimarães (orgs.). *Cuidado e cuidadoras*: as várias faces do trabalho do *care*. São Paulo, Atlas, 2012, p. 79-102.

140   *O cuidado: teorias e práticas*

HAKIM, Catherine. *Key Issues in Women's Work*: Female Heterogeneity and the Polarisation of Women's Employment. Londres/Atlantic Highlands, Athlone, 1996.

HIRATA, Helena. Les nouvelles formes d'adaptation-transferts de technologie: firmes multinationales françaises et japonaises au Brésil. *Revue Tiers Monde*, v. XXIX, n. 113, 1988, p. 211-8.

_____. *Paradigmes d'organisation industrielle et rapports sociaux*: comparaison Brésil-France--Japon à partir du cas de l'industrie du verre. Paris, Iresco, 1992.

_____. Le *care* à domicile en France et au Brésil. In: *Genre, race, classe*: travailler en France et au Brésil. Paris, L'Harmattan, 2016, p. 237-348.

_____. *Care* et intersectionnalité, un enjeu politique. In: MARUANI, Margaret (org.). *Je travaille, donc je suis*: perspectives féministes. Paris, La Découverte, 2018. [Ed. bras.: *Trabalho, logo existo:* perspectivas feministas, trad. Viviane Ribeiro, Rio de Janeiro, FGV Editora, 2019.]

HIRATA, Helena; KERGOAT, Danièle. Rapports sociaux de sexe et psychopathologie du travail. *Travailler*, Paris, n. 37, 2017.

HIRATA, Helena; MAKRIDOU, Efthymia; MATSUO, Myrian. Trajectoires professionnelles et rapports sociaux: le travail du care dans une perspective comparative. In: DAMAMME, Aurélie; HIRATA, Helena; MOLINIER, Pascale (orgs.). *Le Travail entre public, privé et intime*: comparaisons et enjeux internationaux du care. Paris, L'Harmattan, 2017.

HOCHSCHILD, Arlie Russel. Emotion Work, Feeling Rules, and Social Structure. *American Journal of Sociology*, v. 85, n. 3, 1979, p. 551-75.

_____. Love and Gold. In: EHRENREICH, Barbara; HOCHSCHILD, Arlie Russel (orgs.). *Global Woman*: Nannies, Maids and Sex Workers in the New Economy. Nova York, Metropolitan Books, Henry Holt and Company, 2002.

_____. *Le Prix des sentiments*: au coeur du travail émotionnel. Paris, La Découverte, 2017.

HUGHES, Everett. Work and Self. In: ROHER, John; SHERIF, Muzafer (orgs.). *Social Psychology at the Crossroads*. Nova York, Harper and Bro, 1951.

_____. Social Role and Division of Labour. *Midwest Sociologist*, n. 17, 1956.

IBOS, Caroline. *Qui gardera nos enfants?* Les nounous et les mères. Paris, Flammarion, 2012.

_____. "Lundi matin, après la révolution, qui s'occupera des poubelles?" Mierle Laderman Ukeles et l'art comme laboratoire du *care*. *Les Cahiers du Genre*, n. 66, 2019.

INSTITUT NATIONAL DE LA STATISTIQUE ET DES ÉTUDES ÉCONOMIQUES (INSEE). Emploi. In: *France, portrait social*: la documentation française. Paris, 2006.

_____. Espérance de vie période 2020-2025. *Chiffres-clés*, 17 jan. 2020.

_____. *Tableaux de l'économie française*, edição 2020.

ITO, Ruri. *Immigration, Elderly Care and Gender in Japan*. Colóquio internacional "Le genre au coeur de la mondialisation". Paris, Ministère de la Recherche, 21-22-23 mar. 2007.

_____. Immigration et travail de *care* dans une société vieillissante: le cas du Japon. In: FALQUET, Jules et al. (orgs.). *Le Sexe de la mondialisation*. Paris, Presses de Sciences Po, 2010.

_____. Gender (In)equality in Japan: Redefining Work and Citizenship from the Standpoint of Care. Comunicação no *workshop* internacional "Trabalho, cuidado e políticas públicas: um olhar sobre a América Latina". Universidade de São Paulo, 15-17 out. 2018.

JOSEPH, Rose-Myrlie. Les paradoxes et les illusions de l'égalité dans le travail: l'occultation des dominations. *Recherches Féministes*, v. 30, n. 2, 2017, p. 197-216.

KERGOAT, Danièle. Ouvriers = ouvrières? Propositions pour une articulation théorique de deux variables: sexe et classe sociale. *Critiques de l'economie politique*, n. 5, 1978, p. 65-97.

_____. Le rapport social de sexe: de la reproduction des rapports sociaux à leur subversion. *Actuel Marx*, n. 30, 2001.

_____. La Division du travail entre les sexes. In: KERGOAT, Jacques et al. (orgs.). *Le Monde du travail*. Paris, La Découverte, 1998.

_____. Le *care* et l'imbrication des rapports sociaux. In: GUIMARÃES Nadya Araujo; MARUANI, Margaret; SORJ, Bila (orgs.). *Genre, race, classe*: travailler en France et au Brésil. Paris, L'Harmattan, 2016.

_____. Penser la différence des sexes: rapports sociaux et division du travail entre les sexes. In: MARUANI, Margaret (org.). *Femmes, genre et sociétés*. Paris, La Découverte, 2005.

KERGOAT, Danièle et al. *Les infirmières et leur coordination 1988-1989*. Paris, Lamarre, 1992.

_____. *Se battre, disent-elles...* Paris, La Dispute, 2012.

LARRÈRE, Catherine. *Care* et environnement: la montagne ou le jardin? In: LAUGIER, Sandra (org.). *Tous vulnérables?* L'éthique du *care*, les animaux et l'environnement. Paris, Payot, 2012, p. 233-61.

LAUGIER, Sandra (org.). *Tous vulnérables?* L'éthique du *care*, les animaux et l'environnement. Paris, Payot, 2012.

_____; PAPERMAN, Patricia (orgs.). *Le Souci des autres*: éthique et politique du *care*. Paris, EHESS, 2005.

LEMEL, Yannick. Production domestique: une collaboration INSEE-CNRS. *Courrier des Statistiques*, Insee, n. 46, abr. 1988, p. 25-7.

LINHART, Danièle. Modernisation et précarisation de la vie au travail. *Papeles del CEIC*, n. 43, mar. 2009.

MAKRIDOU, Efthymia. *Le* care *dans tous ses éclats*: des employés au service des personnes âgées: entre contraintes et petits arrangements. Tese de doutorado, Vincennes – Saint-Denis, Universidade Paris 8, 2014.

MARCHE-PAILLE, Anne. Le dégoût dans le travail d'assistance aux soins personnels, s'en défendre mais pas trop. *Travailler*, Paris, n. 24, 2010.

MIRANDA, Adelina. *Migrare al femminile*: appartenenza di genere e situazioni migratorie in movimento. Milão, McgrawHill, 2008.

MOLINIER, Pascale. Ética e trabalho do *care*. In: Hirata, Helena; Araujo Guimaraes, Nadya. *Cuidado e cuidadoras. As várias faces do trabalho do* care. Sao Paulo, Atlas, 2012, p. 29-43.

_____. Quel est le bon témoin du *care*? In: MOLINIER, Pascale; LAUGIER, Sandra; PAPERMAN, Patricia. *Qu'est-ce que le* care? Souci des autres, sensibilité, responsabilité. Paris, Payot, 2009.

_____. *Le* Care *monde*: trois essais de psychologie sociale. Lyon, ENS Éditions, 2018.

_____. *Le Travail du* care. Paris, La Dispute, 2020.

_____; LAUGIER, Sandra; PAPERMAN, Patricia. *Qu'est-ce que le* care? Souci des autres, sensibilité, responsabilité. Paris, Payot, 2009.

MOROKVASIC, Mirjana. L'(in)visibilité continue. *Cahiers du Genre*, n. 51, 2011.

NEGRI, Antonio. Produzione antagonistiche di soggettivita. In: NEGRI, Antonio. *Fine secolo*: un manifesto per l'operaio sociale. Milão, Sugar, 1988.

OBRA, Zita Cabais. Organisation syndicale des assistantes de vie des personnes âgées à domicile. Actes du colloque international "Théories et pratiques du *care*: comparaisons internationales", Paris, 13-14 jun. 2013.

OCHIAI, Emiko. Changing Care Diamonds in Europe and Asia: Is Europe Becoming Asia? Conferência de abertura. Paris, École des Hautes Études en Sciences Sociales, Center for French-Japanese Advanced Studies, 13 abr. 2015.

ORGANIZAÇÃO INTERNATIONAL DO TRABALHO (OIT). *ILO Global Estimates on Migrant Workers*: Results and Methodology-Special Focus on Migrant Domestic Workers. Genebra, 2015.

PAPERMAN, Patricia. Les Gens vulnérables n'ont rien d'exceptionnel. In: LAUGIER, Sandra; PAPERMAN, Patricia (orgs.). *Le Souci des autres*: éthique et politique du *care*. Paris, EHESS, 2005, p. 281-97.

PARREÑAS, Rhacel. *Servants of Globalization*: Women, Migration, and Domestic Work. Stanford, Stanford University Press, 2001.

_____. Le Travail de *care* des hôtesses de bar au Japon. *Travailler*, Paris, n. 28, 2012, p. 15-31.

PELLETIER, Anne-Sophie. *EHPAD, une honte française*. Paris, Plon, 2019.

PLENEL, Edwy; MAUDUT, Laurent; ALLIÈS, Stéphane. "La gauche que veut Martine Aubry", *Mediapart*, 15 abr. 2010.

RAZAVI, Shahra. *The Political and Social Economy of Care in a Development Context:* Conceptual Issues, Research Questions and Policy Options, Gender and Development Program, paper n. 3, jun. 2007.

RIMBERT, Pierre. La puissance insoupçonnée des travailleuses. *Le Monde diplomatique*, jan. 2019.

SASSEN, Saskia. Global Cities and Survival Circuits. In: EHRENREICH, Barbara; HOCHSCHILD, Arlie R. (orgs.). *Global Woman*: Nannies, Maids and Sex Workers in the New Economy. Nova York, Metropolitan Books, Henry Holt and Company, 2002.

SCRINZI, Francesca. *Genre, migrations et emplois domestiques en France et en Italie*: construction de la non-qualification et de l'altérité ethnique. Paris, Petra, 2013.

SHUANG, Li. *Employées domestiques dans la Chine actuelle*: le service domestique au croise-ment des rapports sociaux de sexe et de la hiérarchie urbain/rural. Tese de doutorado, Paris, Universidade Paris 8 Vincennes-Saint Denis, 2009.

SOARES, Angelo. As emoções do *care*. In: GUIMARÃES, Nadya Araujo; HIRATA, Helena (orgs.). *Cuidado e cuidadoras*: as várias faces do trabalho do *care*. São Paulo, Atlas, 2012, p. 44-59.

_____. Le Dégoût au travail. *Revue Liminaires-Passages Interculturels*, v. 29, 2013, p. 119-32.

SWIFT, Rocky. Japanese Hospitals Cut Staff Bonuses as Coronavirus Drives Them into the Red. *Japan Today*, 14 jul. 2020.

TRONTO, Joan. *Un monde vulnérable*: pour une politique du *care*. Paris, La Découverte, 2009 [1993].

UENO, Chizuko. L'impact de l'assurance dépendance de longue durée sur le *care* dans la famille: qui prend soin de qui, et dans quel cadre? Une expérience japonaise, 2000-2012. In: DAMAMME, Aurélie; HIRATA, Helena; MOLINIER, Pascale (orgs.). *Le Travail entre public, privé et intime*: comparaisons et enjeux internationaux du *care*. Paris, L'Harmattan, 2017, p. 141-52. [Ed. em espanhol: *El trabajo: entre lo público, lo privado y lo íntimo – Comparaciones y desafíos internacionales del cuidado*, trad. Miriam Wlosko (org.), Buenos Aires, Edunla, 2021, p. 209-19.]

WEBER, Florence; TRABUT, Loïc; BILLAUD, Solène (orgs.). *Le Salaire de la confiance*: l'aide à domicile aujourd'hui. Paris, Éditions Rue d'Ulm, 2014.

WENDEN, Catherine Withol de. *La Globalisation humaine*. Paris, PUF, 2009.

ZELIZER, Viviana A. L'économie du *care*. *Revue française de socio-économie*, 2008, p. 13-25.

OUTROS LANÇAMENTOS DA BOITEMPO

Bem mais que ideias:
a interseccionalidade como teoria social crítica
PATRICIA HILL COLLINS
Tradução de **Bruna Barros e Jess Oliveira**
Orelha de Elaini Cristina Gonzaga da Silva

Querido Lula: cartas a um presidente na prisão
MAUD CHIRIO (ORG.)
Com a colaboração de **Ernesto Bohoslavsky,**
Luciana Heymann, Ana Lagüéns, Angela
Moreira, Benito Schmidt e Adrianna Setemy
Pesquisa documental de **Ana Lagüéns**
Prefácio de **Emicida**
Orelha de **Conceição Evaristo**
Apoio de **Fundação Perseu Abramo**

O que é a filosofia?
GIORGIO AGAMBEN
tradução de **Andrea Santurbano e Patricia Peterle**
Orelha de **Claudio Oliveira**

A questão comunista
DOMENICO LOSURDO
Organização e introdução de **Giorgio Grimaldi**
Tradução de **Rita Coitinho**
Orelha de **Marcos Aurélio da Silva**

Sinfonia inacabada:
a política dos comunistas no Brasil
ANTONIO CARLOS MAZZEO
Prólogo de **Milton Pinheiro**
Apresentação de **Mauro Iasi**
Orelha de **Marly Vianna**

ARSENAL LÊNIN
Conselho editorial: Antonio Carlos Mazzeo, Antonio
Rago, Fábio Palácio, Ivana Jinkings, Marcos Del Roio,
Marly Vianna, Milton Pinheiro e Slavoj Žižek

Imperialismo, estágio superior do capitalismo
VLADÍMIR ILITCH LÊNIN
Tradução de **Edições Avante!** e **Paula V. Almeida**
Prefácio de **Marcelo Pereira Fernandes**
Orelha de **Edmilson Costa**
Quarta capa de **György Lukács, István Mészáros**
e João Quartim de Moraes

BIBLIOTECA LUKÁCS
Conselho editorial: José Paulo Netto e Ronaldo
Vielmi Fortes

Goethe e seu tempo
GYÖRGY LUKÁCS
Tradução de **Nélio Schneider** com a colaboração
de **Ronaldo Vielmi Fortes**
Revisão da tradução de **José Paulo Netto** e
Ronaldo Vielmi Fortes
Orelha de **Ronaldo Vielmi Fortes**
Quarta capa de **Miguel Vedda**

ESCRITOS GRAMSCIANOS
Conselho editorial: Alvaro Bianchi, Daniela Mussi,
Gianni Fresu, Guido Liguori, Marcos del Roio e
Virgínia Fontes

Homens ou máquinas?
escritos de 1916 a 1920
ANTONIO GRAMSCI
Seleção e apresenttação de **Gianni Fresu**
Tradução de **Carlos Nelson Coutinho e Rita**
Coitinho
Orelha de **Marcos del Roio**

MARX-ENGELS

A guerra civil dos Estados Unidos
FRIEDRICH ENGELS
Seleção dos textos de **Murillo van der Laan**
Tradução de **Luiz Felipe Osório e Murillo van**
der Laan
Orelha de **Cristiane L. Sabino de Souza**

MUNDO DO TRABALHO
Coordenação de **Ricardo Antunes**
Conselho editorial: Graça Druck, Luci Praun, Marco
Aurélio Santana, Murillo van der Laan, Ricardo
Festi, Ruy Braga

Capitalismo pandêmico
RICARDO ANTUNES
Orelha de **Virgínia Fontes**

Ilustração de Fernando Carvall

Publicado em 2022, pouco após o multiartista Gilberto Gil completar 80 anos em pleno vigor criativo, este livro foi composto em Adobe Garamond Pro, 11/14,3, e impresso em papel Pólen Soft 80g/m² pela Rettec, para a Boitempo, com tiragem de 3 mil exemplares